U0112071

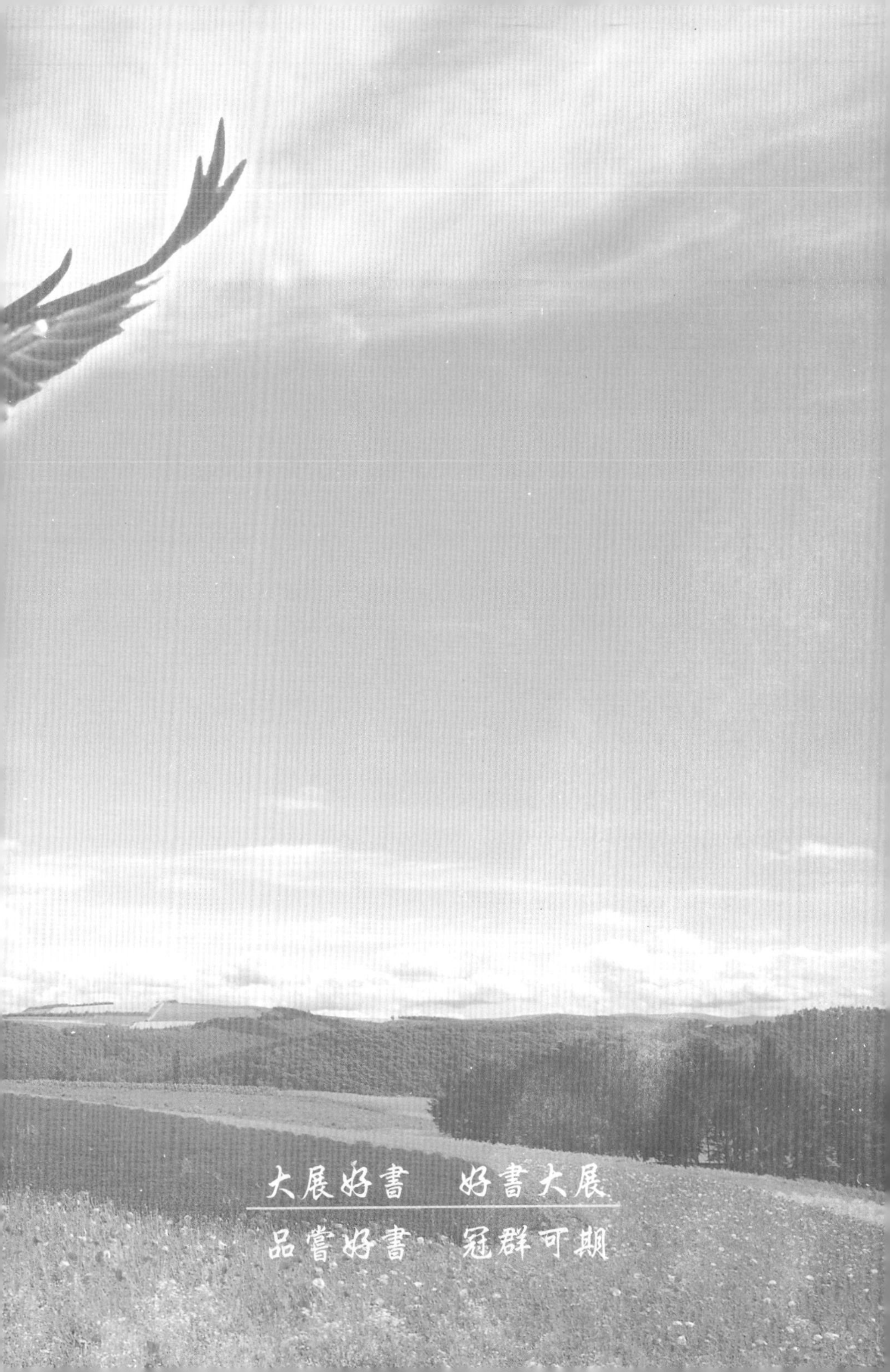
大展好書　好書大展
品嘗好書　冠群可期

運動遊戲 22

乒乓球削球

王　蒲／主編

大展出版社有限公司

目　錄

第一章
削球打法的歷史回顧

　　在乒乓球運動的發展歷程中，削球打法作為一種主要的打法類型，始終在世界乒壇佔有重要的地位。

　　在乒乓球運動早期，削球打法是最流行和最有效的打法。1926～1951年是歐洲乒乓球運動的全盛時期，這一時期的絕大多數世界冠軍被削球打法選手奪得。男子世界冠軍有：密可羅維茨、彼里、班那、沙巴都士、鮑格曼、李奇等。女子世界冠軍有：西波斯、法卡斯、羅齊亞娜等。

　　削球打法在這一時期稱霸世界乒壇，主要原因是英國人發明了膠皮拍，它既能進攻，也能有效地製造旋轉，而匈牙利人很好地發揮了膠皮拍的工具性能，把乒乓球運動由木拍時代帶到了使用膠皮拍，並製造奇妙旋轉的時代。

　　當然，削球打法的成功，還應歸功於當時球臺比較窄（146.4公分）、球網比較高（17.3分公）、球比較軟。在這種球臺上進行比賽，並使用軟球，對削球打法比較有利。由於第二次世界大戰的原因，乒乓球運動在1940～1947年處於停滯時期，直到1947年才在法國的

巴黎恢復了中斷 8 年的世界乒乓球錦標賽。

　　由於戰爭使不少前世界冠軍不能重新參加比賽，其他的參加者也因為戰爭耽誤了技術訓練，影響了技術水準的提升，因此，第 14 屆世界乒乓球錦標賽的水準比較低。

　　從 1952～2000 年，在乒乓球運動的這一發展時期，首先是日本人以他們的長抽進攻技術，打開了進入世界乒乓球強國的大門，結束了歐洲人以削球打法統治世界乒壇的歷史。在這個時期中，削球打法開始從乒乓球運動的主流打法，逐步退居到次要打法的地位。

　　由於球臺的加寬（152.5 公分）以及海綿球拍的出現，提高了乒乓球速度和進攻的威力，削球打法依靠自己的穩健和旋轉來取勝已經變得較為困難。爾後，中國的近臺快攻和日本的弧圈球技術的相繼問世，使削球打法沒能再以乒乓球運動的主流打法而稱雄世界乒壇。當然，在這一時期中也湧現了一批優秀的削球打法選手，他們不斷研磨削球技術，改進膠皮性能，學習進攻技術，並奪得了不少的世界冠軍。

　　如果說在乒乓球運動的早期，削球打法是乒乓球技術打法家族中的主角的話，那麼在這一時期，削球打法則是乒乓球技術打法家族中的一支奇兵。

　　在 2001 年 4 月的第 46 屆世界乒乓球錦標賽中，開始使用 40 毫米的大球，人們希望看到削球打法能在這個機會中獲得新生。雖然本屆比賽中削球打法沒有突出

的表現，但隨著國際乒聯關於以提高乒乓球運動的觀賞性為原則這一方針的逐步實施，將會有更多的規則規定有利於削球打法的發展。

第一節 削球技術的發展

從削球打法的技術發展角度看，削球打法的技術發展基本上取決於兩個方面：一是乒乓球器材（主要是膠皮性能）的改進；二是乒乓球技術的發展。

早期的削球打法由於球拍和膠皮的原因，基本上是以穩削為主的技術風格，當出現機會球時才採取進攻。這種技術風格，可以說是明顯地受到使用工具的限制。日本人運用了海綿膠皮拍，它既改變了削球打法的歷史地位，同時也改變了削球打法的技術風格。

在 20 世紀 60 年代，中國的張燮林採用長膠膠皮拍，使乒乓球球拍的性能產生了巨大的改變，這種改變對削球打法來說是革命性的，它預示了削球打法有可能再次興起。削球作為一種打法類型，在乒乓球運動的早期，歐洲選手起到一個定型的作用，它明確了削球打法的基本技術特徵和基本的技術戰術思想。

由於缺乏這段時間裡的史料，不能詳細論及。因此，我們討論削球打法的發展問題，著重放在 20 世紀60 年代以後，尤其是中國乒乓球運動員在削球打法的技術發展和創新上。

在削球技術的創新和發展的歷史中，可以說是削球技術的進步和乒乓球球拍膠皮的改進密切相關。50 年代中國的削球運動員姜永寧已經在全國比賽中取得了第一名的好成績。同時還有王錫添、李仁蘇、葉佩瓊等高水準的削球運動員。但是，由於削球在技術上還沒有新的突破，所以在國際比賽中沒有取得好成績。

　　60 年代，以張燮林為代表的中國削球打法，開始在世界乒壇刮起一股強勁的削球打法旋風，並開始奪得不少的好成績。張燮林開始使用直拍長膠膠皮，採用削中反攻的打法策略。

　　由於是長膠膠皮，其擊球的旋轉與普通的正膠膠皮有所不同。當搓球時本應是下旋球，但長膠膠皮搓的球卻不轉；擋過去的球應該是沒有下旋的，實際上卻有下旋。削出的球有些飄忽，對方對旋轉也比較難以判斷。在進攻時，球有些下沉不易回接。

　　在第 26 屆世界乒乓球錦標賽中，張燮林以戰勝日本主力星野和三木而顯出了其打法的威力。張燮林的直拍長膠削中反攻的打法作為一種創新打法，是參加第 27 屆世界乒乓球錦標賽的「秘密武器」。並為本屆和第 28 屆中國隊蟬聯男子團體世界冠軍立下汗馬功勞。

　　與張燮林同時代的王志良，將張燮林採用長膠膠皮打削球的方法移植到橫拍上來。他把自己的反手改用與張燮林一樣的長膠膠皮。這樣球拍的正反兩面的膠皮就有了不同的性能，削出的球在轉與不轉上反差很大。在

接發球時轉換球拍運用不同性能的膠皮去接發球，進而造成對方失誤。

　　他在發球上進行了創新，發球時將球拍放在球臺下「倒板」，然後進行發球，以避免對方看清是用球拍的哪一面來發球。並且試著在發球的同時，運用跺腳的方法，在球拍觸球的瞬間用跺腳的聲音來掩蓋膠皮的擊球聲，使不同膠皮在擊球時的不同聲音不被對方聽到。這些技術上的創新，對今後削球打法的發展產生了深刻的影響。70 年代，削球打法具有代表性的人物是梁戈亮。他繼承了王志良在削球技術上的創新，也採用球拍兩面不同性能的膠皮。在削球打法上，梁戈亮開創了攻削結合型的打法，更加注重進攻的質量。他對王志良發球時轉換球拍進行發球的技術進行了改進和發展，運用到了削球過程中，即在削球時利用擊球後的瞬間，使手中的球拍快速地旋轉 180°，使原來在正手的膠皮和反手的膠皮調換，從而使橫拍在連續削球中，更加具有變化性和威脅性，並為削中反攻創造更多的機會。

　　「倒拍」削球技術為削球打法在相持階段中遏制弧圈球的連續進攻、迫使對方進攻失誤提供了技術上的保證。曾經有人說梁戈亮的削球技術「使橫拍的威力提高到魔法般神秘境界」。

　　80 年代，陳新華使用的球拍也是一面反膠一面長膠。他在打法上保持「轉、穩、低、攻」技術風格的同時，加強和提高了發球搶攻技術的運用，並獲得了很好

的效果。他發展了削球打法中的發球搶攻技術。

在發球段中，他發球搶攻的使用率和成功率同進攻型打法運動員幾乎一樣，有些時候還略高於進攻型運動員的比例。他在第 38 屆世界乒乓球錦標賽中，發球搶攻使用率為 23.9%，得分率為 79.3%。他的發球搶攻具有很大的威脅性。

90 年代中期，丁松使用的球拍一面是反膠一面是正膠。在第 43 屆世界乒乓球錦標賽上，在與瑞典隊的決賽中一舉成名，為中國贏得團體冠軍立下功勞。他在繼承了陳新華發球搶攻技術的同時，發展了削球打法削中反攻技術。原來的削中反攻技術，基本是當對方回擺短球控制不好時，削球運動員在上臺時進行反攻。

而丁松的削中反攻則是當對方連續拉弧圈球時，尋找機會進行反拉和中遠臺的對拉。削球打法運動員採用這一技術，可以說是具有革命性意義的。它在相持階段中將中遠臺的削球和攻球技術進行了合理的融合，使比較強烈的下旋球和比較強烈的上旋弧圈球結合起來，為削球打法的發展開拓了新的前景。

在削球打法的技術發展中，上述只論及了男子運動員，因為在削球技術上男子運動員的技術是最具有代表性的。事實上在中國削球打法技術的發展過程中，還湧現出了不少優秀的女子削球打法運動員，如，林慧卿削球技術的穩健和富於變化的旋轉；鄭敏之削球技術的落點刁鑽和緊逼大角等。

中國削球打法在技術上經歷了由以「穩、低、轉、攻」為指導思想，到以「轉、穩、低、變、攻」為指導思想的發展過程，逐步明確了在削球打法的技術指導思想中旋轉和變化的重要作用，這一指導思想代表了削球打法在技術上的發展方向。張燮林在 1994 年全國乒乓球高級教練員崗位培訓班中，對削球打法的技術指導思想的發展問題做了深刻的分析：

一、關於轉

　　球的旋轉，以加轉為基礎，牽制、擾亂對方，爭取主動，是積極得分的手段之一。

二、關於穩

　　提高削接弧圈球的穩健性，是對削攻型選手一項最基本的要求。所謂穩，是指減少無謂的失誤，應注意以下四點：

（一）判斷要準確

　　一般說來，弧圈球的旋轉有三種：強旋轉、一般旋轉和不太轉，每次擊球前首先要判斷準，才能採取相應的削攻動作。判斷時，要從對方揮拍用力的大小、球在拍上被摩擦時間的長短、飛行的弧線、速度以及落臺後的反彈速度和高度等方面進行分析和考慮。

（二）擊球時間要因球而異

　　削強旋轉弧圈時，在下降期接球比較好，這時來球

的旋轉較弱，不易擊出高球；拉一般旋轉和不太轉的弧圈時，可在下降前期或高點期擊球。下降前期可以搞旋轉變化，高點期擊球可以逼角。

（三）擊球揮拍速度因球而異

弧圈來球旋轉越強，揮拍速度越要快，稍許加點力；反之，則稍慢（長膠削球不受此限制）。

（四）擊球動作幅度因球而異

削強弧圈時，擊球動作幅度要大些，這樣就能根據來球的旋轉，使拍形及用力的大小等有所調節。

三、關於低

削弧圈球的弧線要儘量降低。當前削弧圈普遍存在著弧線偏高的現象，常被對方衝殺而造成被動或失分，解決這一問題應注意以下兩方面：

（一）加強揮拍擊球的瞬時速度

弧圈球的旋轉強，轉速快，觸球瞬間若揮拍速度不夠，是「球撞拍」，而不是「拍擊球」，這就不能有效地克服強烈的上旋力。我們知道，不轉的球碰拍時，因無旋轉作用於拍，入射角等於反射角，所以不會出現偏折現象。而旋轉的球與拍接觸時，由於拍面的摩擦作用和球的旋轉作用，在反彈時會產生偏折，反彈偏折趨向的方向大小，與球和球拍接觸時的相對速度有關。

削擊球時，球拍觸球時的運動方向呈沿球體表面向前下方，與上旋來球的旋轉速度方向是一致的。

觸球時，若球拍的運動速度小於球的旋轉速度，相對於球相對地處於「靜止」狀態，那麼，球在拍表面運動時，由於摩擦力的作用，就會產生向上的反彈力偏折趨向，而速度差距越大，偏折越大，削出的球的弧線便越升高。要克服這一現象，須使拍觸球的瞬時運動速度大於球的旋轉速度，這時球體對於球拍就相對處於「靜止」狀態。那麼，球就不會產生偏折，削球的弧線則不易偏高。

（二）選擇合適的擊球時機

當前大部分削球手削弧圈時，擊球點往往過低，這樣就造成調節拍形困難，因為擊球點越低，越要注意增大弧線曲度，拍形後仰角要大，觸球部位要偏下，向前用力要多。而要克服強烈的上旋，則要求拍形後仰角度要小，觸球部位要靠上，向下多用力，這兩者是相互矛盾的。結果往往為了先保證落臺命中，而顧不上回球弧線，特別是對方的強弧圈，球往下滑落快，就更容易出現弧線偏高或出界，若把擊球點適當提高，擊球位置稍高，拍形後仰角度減小，向下多用力，就能削出弧線低而命中高的球。

四、關於變

變是爭取主動、直接得分或為進攻創造條件的重要手段之一。不但要有旋轉的變化，還要有落點及節奏的變化，用極其相似的動作削出強烈的下旋和近似不轉的

球，是中國幾代削球選手能立足世界乒壇的基本戰術，應很好地繼承並發展。除此，還可增加幾項削球變化旋轉的技術：

（一）削側旋轉的技術

要削出側上、側下的旋轉，必須改變現有削球的觸球部位和揮拍運動方向。以正手削球為例，將由後往前削擊的揮拍運動方向，變換成由後左向前右下削擊，根據來球適當調整握拍方法，將拍柄朝下，球拍稍直立，擊球點稍高，擊球中下偏右的部位，類似「砍擊」，能削出側下、上旋球，此技術在擊球點稍高時應用較好；反手削球的道理和方法相同，拍形稍直立，擊球點稍高，由後右向前左下方削擊，觸球的中下偏左，削出左側下、下旋球。還可採用像發左、右側上、下旋的握拍法，拍柄朝上，拍形稍直立，正手削球時，身體略側對球臺，觸球的中下偏左，反手削球則觸球的中下偏右，增強橫側方向揮動的弧線和力量。

尤其是近身球和追身球是最佳擊球位置。正手能削出左側上、下旋球，反手能削出右側上、下旋球。這一技術的混合交叉運用，球落臺後，會向左、右不同方向反彈，增加對方回接難度，破壞對方進攻節奏。同時，可避免來球的強轉區、觸球的弱轉區，減少自己「吃轉」。

（二）抖動式削球技術

此項技術乃是一種變化上下旋的削球動作，是將抖

動式發球動作移植到削球技術中來。在向下削擊時，觸球中下部，削出後將球拍順勢往上提拉，像拉弧圈動作一樣地揮拍，則產生下旋，而向下削擊時不擊球，向上提拉時觸球中上部，則產生上旋，兩種旋轉交替應用，擾亂對方的注意力和判斷力。

（三）兜一板上旋球技術

在削球中，突然兜一板小上旋，變化球的節奏，此時對方不易發力而多用輕擋，自己可調整好位置，上前進攻。

（四）建議少年選手使用長膠並掌握倒板打法

使用長膠，並使用倒板打法是我國的一大發明，是對世界乒壇的一大貢獻。它是一種新穎的節奏變化型的打法，70 年代此打法對付弧圈型選手取得了輝煌的戰績，一時竟成為弧圈手的「剋星」，但近十幾年，明文規定了少年兒童（不到 16 歲）不得使用長膠打削球。這條「規定」對削球選手是不公平的，限制了倒板打法的發展，使其成績受到了很大的影響。

使用長膠和適應長膠也是一種基本技術和基本技能，如優秀選手鄧亞萍，從小使用長膠打攻球，形成了一套自己獨特的打法和風格，少年時期就獲得了全國冠軍。我們應允許少兒使用長膠打削球，儘早學會倒板打法。從小用不同手法掌握不同性能球拍的能力，能嚴格區分不同膠皮、不同手法的本體感覺，從小建立不同膠皮拍的技術動力定型。

倒板打法不但不能丟，而且還應在繼承的基礎上發展它，成為反手能夠倒板，正手也能夠倒板，不但反膠這邊能削、能攻、能拉衝，正膠這邊也要能削、能攻，這種多方位、多旋轉性能的攻與削，加大了節奏變化，有利於削球手獲取主動。

從戰略意義上來說，指導思想中的「變」，位次還要靠前放。

五、關於攻

進攻是主要的得分手段，應從以下四個方面提高進攻和攻削結合能力：

（一）加強前三板進攻能力

削攻型選手與快攻型、弧圈型選手一樣，要充分利用每一輪的五個發球來發動進攻，即使一二板未能「攻死」對方，還可退到中遠臺削出各種多變的旋轉球與對方相持，削攻型選手的中遠臺相持技術與防禦能力本身較強，接發球搶攻亦要大膽使用，不要總是以搓球回接，還要採取點、撥、拉、挑、衝、打等技術，即使不能直接得分，也能打亂對方搶攻的節奏，破壞對方搶攻的心理和穩定性，從戰術意義上來說也是主動的。

陳新華在第 38 屆世乒賽中，發球搶攻使用率達到了 23.9%，得分率達到了 79.3%，接發球搶攻使用率達到 17.7%。外國人很怕他的發球搶攻。我們新一代的削攻型選手，應該很好地繼承和發展陳新華的前三板

技術。

（二）加強削中搶攻、搶拉及連續上手能力

削球的旋轉變化及逼角、落點變化，調動對方，遏制對方進攻，並能直接得分，所以今後還要由削球的旋轉變化千方百計地去為進攻創造條件。

但我國目前有相當一部分削攻型選手，尤其是女子削球手，只要在中遠臺削弧圈球，就只埋頭苦削，一旦出現「機會」，由於沒有進攻的意識還是不想上手，所以進攻的使用率很低。還有些運動員是攻削的銜接不夠好，表現出攻削的混亂。此外，因受身體力量素質的限制，又缺乏連續進攻的能力，所以就顯得很被動。

削攻技術的密切結合及連續進攻的能力，是當前乒壇發展潮流對削攻選手提出的新要求，也是削攻打法兩項很重要的基本功。因此，在訓練中，要佔相當的比例才行，注意要改變過去那種削時擺開架子削，攻時擺開架子攻，對手容易防。

應在訓練中解決削與攻的緊密結合，提高隨機削和攻的變化能力，只有這樣，在比賽中才能做到攻削應用自如。削得穩、攻得上，要攻其不備。當對方要提防進攻，而又摸不準你何時進攻時，拉弧圈的質量就會下降，反過來又能使削球更穩、更低、更轉。

（三）加強左半臺進攻能力

我國削攻手的進攻主要靠正手，左半臺的進攻是薄弱環節。一是側身少，二是反手不會攻或者不敢攻，尤

17

其是女子削球手，退到中臺更沒有反手攻球，常被對方將過渡球送到反手位，再伺機殺兩大角，吃了不少虧。今後培養削攻選手，應正反手都會攻、會拉弧圈，還能大膽側身搶攻。

（四）充分發揮近臺進攻威力

為使中國乒壇的百花園更加絢麗多彩，還可將削攻型打法發展為攻削型打法，即又攻又削，以攻為主，充分發揮近臺進攻的威力。在相持或被動時，以削球過渡，有機會就轉入進攻，最理想的模式是將梁戈亮的中近臺全攻打法、陳新華的前三板及削中反攻優勢、王浩的正手倒板技術、李根相的穩健削球和靈活步法融會一體。願我國能早日培養出這種打法的優秀選手。

第二節　削球打法的形成

削球打法是在乒乓球運動的早期由歐洲人發明的一種技術打法，這種打法在 20 世紀 50 年代以前，是世界乒壇的主流打法，一直佔有統治地位。後來日本人在海綿球拍的基礎上發明的中遠臺長抽進攻型打法，動搖了削球打法的統治地位。

由於進攻技術的威力加強，使用海綿球拍的削球打法，逐步脫離開以穩削取勝的技術指導思想，學習進攻技術，提高在削球打法中的反攻和進攻的能力，因此，在 20 世紀 60 年代削球打法開始有了比較明顯的發展，

出現了削中反攻打法和攻削結合打法。

一、削中反攻打法

削中反攻打法包括橫拍削球打法和直拍削球打法，橫拍削球打法又分為反膠膠皮球拍的削球打法和兩面不同性能球拍的削球打法。

我國的削中反攻打法從 50 年代就有了一定的水準，1952 年的全國冠軍是直拍削球打法的運動員姜永寧。在這個時期，削球打法在旋轉的變化方面還不明顯，削球打法的技術指導思想不明確，在重大的國際比賽中還沒有取得好成績。

以 1961 年作為直拍削球打法的張燮林在第 26 屆世界乒乓球錦標賽單打中取得初次勝利，和 1962 年王志良在訪日比賽中的良好成績為標誌，中國乒乓球的削球打法開始比較清楚地看到削球打法技術的發展方向，並提出了以「守得穩、削得低、旋轉變化大、兩面能反攻」作為削中反攻打法的技術風格。

這一技術風格通過第 27 屆世界乒乓球錦標賽實踐的檢驗被確定下來。這一技術風格簡單地講就是：穩、低、轉、攻。削球技術穩健、弧線控制很低、能夠進行旋轉的變化、具有進攻的能力這四個方面，同時也構成了削中反攻打法的技術戰術體系。

隨著弧圈球技術的出現和發展，既給削球打法提出了更高的要求，也使人們對削球打法的技術風格有了新

的認識。由於不同性能球拍的出現，使削球打法在旋轉的變化上有了非常大的發展。不同性能球拍的使用不僅提高了削球的旋轉變化上的質量，也使削球打法的運動員有了製造更多進攻機會的可能。削球打法的技術風格在這一時期有了一定的調整，把「旋轉」放在了技術風格的第一位，即：轉、穩、低、攻。

二、攻削結合打法

攻削結合打法就是攻削結合以攻為主的打法，可以分為橫拍兩面不同性能球拍攻削結合打法和直拍擋攻削結合的打法。

攻削結合打法中，橫拍攻削結合打法基本上是從削中反攻打法演變過來的。它反映了削球打法在進攻打法的進攻能力不斷提升的局面中，尋找新的打法形式的企圖。攻削結合打法與削攻打法的不同點在於，當其進攻能力相當於或高於其削球能力時，則其打法就可以視為攻削結合打法。這種打法中攻球是其主要的得分手段，削球是基礎，它既能用於得分，也能為進攻創造機會，攻和削相互促進。它的代表人物是梁戈亮、陳新華、丁松等。

攻削結合的另一種打法是直拍的擋攻削結合的打法，它與原來的直拍削球打法的差別比較大。這種打法的站位離臺較近，以近臺攻擋為主，結合遠臺削球。它的代表人物是葛新愛、王俊等。

第二章
削球打法的基本理論

第一節　擊球技術的基本原理

深入考察乒乓球運動便不難發現，要在比賽中得分制勝，運動員必須從兩個方面努力：

一是儘力保持己方不丟分；

二是設法迫使對方先失誤。

這就明確提示我們：在乒乓球比賽中，既要求運動員能夠合法還擊對方擊出的各種來球，具有較高的命中率，同時又要求運動員還擊過去的球給對方構成威脅，具備較強的攻擊力。

命中率與攻擊力，兩者對立統一，不可分割，構成了乒乓球擊球質量的內核。要保證擊球的命中率和攻擊力，則必須使擊出的球具有適宜的飛行弧線，具有較大的力量、較快的速度、較強的旋轉和較好的落點。

弧線、力量、速度、旋轉和落點，始終貫穿於乒乓球的每一次擊球之中，是衡量擊球質量的重要指標，被稱為乒乓球技術的「五要素」。深入研究和充分認識五

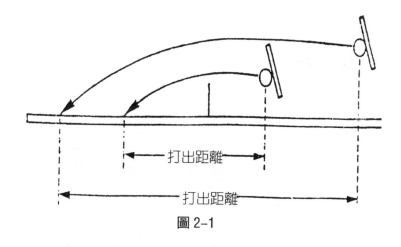

圖 2-1

要素，對提升乒乓球技術水準有著十分重要的意義。

一、弧　線

　　乒乓球在空中運行的軌跡通常是呈弧線。球的飛行
弧線是否合理，不僅決定著擊球的命中率，而且關係到
回球的攻擊力。

　　乒乓球的飛行弧線主要由弧線曲度和打出距離兩部
分組成。弧線曲度是指飛行弧線的彎曲程度。打出距離
是指弧線起止點（即擊球點與落點）之間的水準距離
（圖 2-1）。

　　弧線曲度的大小和打出距離的長短，主要取決於球
離開球拍的出手角度和出球速度。出手角度是指球離拍
時，飛行弧線的切線與水平面的夾角。出球速度是指球
體離拍時的瞬時速度。在出球速度一定的情況下，當出

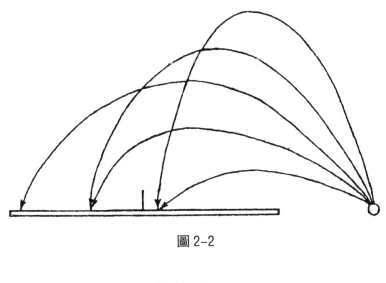

圖 2-2

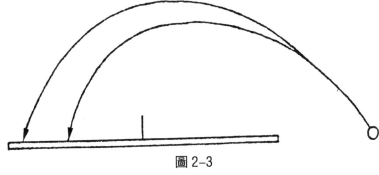

圖 2-3

手角度小於 45°時，出手角度越大，則弧線曲度越大，打出距離越長；當出手角度大於 45°時，出手角度越大，則弧線曲度越大，打出距離越短（圖 2-2）。

在出手角度一定的情況下，出球速度越快，則打出距離越長（圖 2-3）。

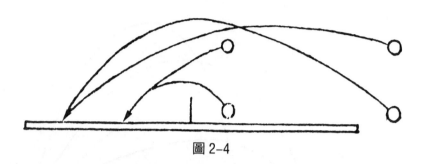

圖2-4

　　出球速度主要取決於擊球力量。出手角度主要取決
於擊球時的擊球部位、用力方向，以及對方來球的旋轉
性質與旋轉強度。

　　乒乓球的擊球技術，對飛行弧線的要求甚為嚴格。
在不同情況下還擊各種來球，對弧線的要求大致如下：

（一）不同擊球點擊球（圖2-4）

　　1. 還擊近網高球時，弧線曲度要小，打出距離要
短。

　　2. 還擊遠網高球時，弧線曲度稍小，打出距離要
長。

　　3. 還擊近網低球時，弧線曲度要大，打出距離要
短。

　　4. 還擊遠網低球時，弧線曲度稍大，打出距離要
長。

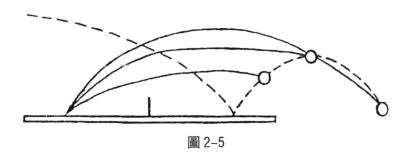

圖 2-5

（二）不同擊球時間擊球（圖 2-5）

1.上升期擊球時，弧線曲度要稍小，打出距離要稍短。

2.高點期擊球時，弧線曲度不能過大，打出距離不能過長。

3.下降期擊球時，弧線曲度要略大，打出距離要略長。

（三）還擊不同旋轉來球

1.還擊上旋球時，來球旋轉越強，越要注意減少弧線曲度，縮短打出距離，避免回球過高或回球出界。

2.還擊下旋球時，來球旋轉越強，越要注意增大弧線曲度，加長打出距離，避免回球下網。

3.還擊左（右）側旋球時，來球旋轉越強，越要注意相應地向左（右）調整拍面方向，避免回球從右（左）側邊線出界。

二、力 量

擊球力量是五要素中其他諸要素的基礎。乒乓球的擊球力量，由手中的球拍作用於球體而體現出來。在球拍和球體的相互作用下，擊球力量表現為球的前進速度和旋轉強度。擊球時，球拍對球體的撞擊越多（即力的作用線接近球心，縮短力臂），回球的速度越快，如常用的推擋、攻球等技術。擊球時，球拍對球體的摩擦越多（即力的作用線遠離球心，加大力臂），回球的旋轉越強，如常用的削球、弧圈球等技術。

結合乒乓球運動的特點，運用力學原理分析可知，擊球力量的大小主要取決於觸球時球拍的瞬時速度。觸球時，球拍的瞬時速度越大，則擊球力量越大；反之則小。觸球時的球拍瞬時速度同揮拍的加速度和擊球距離有著密切關係。在揮拍的加速度相同的情況下，擊球距離越長，球拍觸球時的瞬時速度越大；反之則小（圖2-6）。

在揮拍的擊球距離一定的情況下，加速度越大，球拍觸球時的瞬時速度越大；反之則小（圖2-7）。

因此，要加快球拍觸球時的瞬時速度，就必須提高揮拍的加速度，具備足夠的擊球距離。

綜上分析，增強擊球力量可採用以下方法：

（一）擊球前，及時調整好擊球位置，以利於正確完成擊球動作和充分發揮肌肉力量。

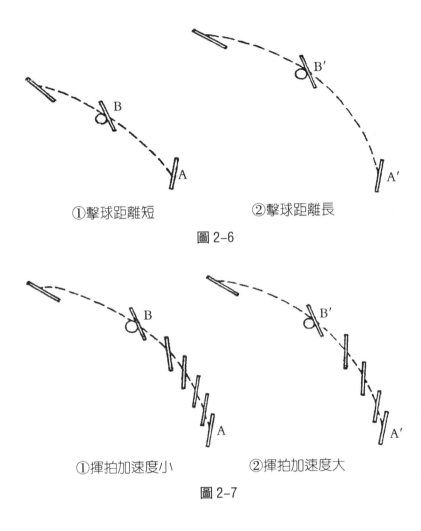

①擊球距離短　　②擊球距離長

圖 2-6

①揮拍加速度小　　②揮拍加速度大

圖 2-7

　（二）擊球前，要充分引拍。引拍的作用有二：一是取得足夠的擊球距離；二是增加肌肉的初長度，以助擊球發力。但需注意，引拍動作不宜過大。

　（三）擊球時，注意選擇合理的擊球點。擊球點應

控制在身前，與身體保持適當距離。合理的擊球點不僅有助於加長擊球距離，增大擊球動作的幅度，而且有利於擊球時肌力的發揮。

（四）擊球時，要掌握好發力順序和發力時機。在擊球過程中，一般應按照腿——腰——上臂——前臂——手腕——手指的順序依次發力，充分發揮各有關肌群的肌力，加快球拍的揮擺速度。與此同時，還必須儘量保持在球拍的揮擺速度最快之時擊中球體。

（五）球擊出後，儘快放鬆各部肌肉，迅速回復到準備狀態，以免影響下次擊球的力量發揮。

（六）經常進行各種專門性練習，增強肌肉的爆發力，提高用力的協調性，使擊球力量不斷加大。

三、速　度

「快」是乒乓球運動的顯著特點，速度在乒乓球的擊球質量中佔有十分重要的地位。根據力學公式 $V = \dfrac{S}{T}$（速度 $= \dfrac{距離}{時間}$）可知，速度同距離和時間有著密切關係。

聯繫乒乓球運動實際，球在空中運行的軌跡千變萬化、轉瞬即逝，極難測定，因而乒乓球的擊球速度通常用合法還擊所耗費的時間來表示。合法還擊所耗費的時間越短，則表明擊球速度越快；反之則慢。合法還擊所耗費的時間包括以下兩個方面：

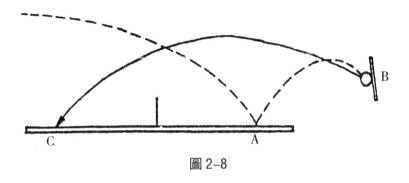

圖 2-8

（一）擊球所需時間

擊球所需時間是從對方來球擊中本方臺前的一瞬間（A）算起，至本方回球時球拍觸球的一瞬間（B）為止（圖2-8）。擊球所需時間的長短，除受對方來球的速度、旋轉、落點等因素的影響之外，主要取決於本方擊球時間的早晚。擊球時間越早，擊球所需的時間越短；反之則長。因此，提早擊球時間是加快擊球速度的重要途徑之一。

（二）球體飛行時間

球體飛行時間是從球體離拍的一瞬間（B）算起，至球落到對方臺面的一瞬間（C）為止（參見圖2-8）。球在空中飛行的時間長短，與球的飛行速度和飛行弧線有著密切關係。在飛行弧線長度一定的情況下，球的飛行速度越快，球在空中飛行的時間越短；反之則

長。在球的飛行速度相同的情況下，飛行弧線越短，球在空中飛行的時間越短；反之則長。

因此，加快球體的飛行速度和縮短球體的飛行弧線，都有助於提高擊球速度。

評定擊球速度時，應把擊球所需時間和擊球後的球體飛行時間結合起來考慮，否則就不能確切地反映出擊球速度。

提高擊球速度，可以採用以下方法：

1.站位靠近球臺，在來球上升期擊球。這不僅能夠縮短擊球所需時間，而且可以縮短回球的飛行弧線，同時還有助於借用來球反彈力加快回球的飛行速度。

2.還擊時，充分發揮擊球力量，並儘可能使力的作用線接近球心，以加快回球的飛行速度。

3.在許可範圍內，儘量壓低弧線高度，減小打出距離，使回球的飛行弧線得以縮短。

4.不斷提高反應速度和位移速度，使之與擊球速度緊密配合。

四、旋　轉

在乒乓球運動中，旋轉的運用極為廣泛，旋轉的變化十分複雜。旋轉是削球打法的重要技術風格和技術手段，從事削球打法的教學和訓練工作，必須系統掌握旋轉方面的基本知識。

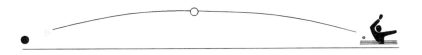

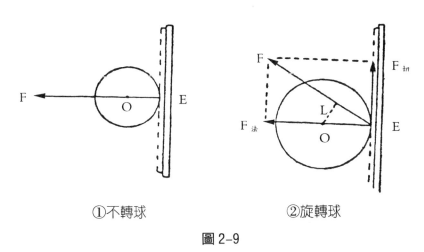

①不轉球　　　　　　　②旋轉球

圖 2-9

（一）產生旋轉的原因

　　擊球時，如果力的作用線（F）通過球心（O），球只做平動而不產生旋轉；如果力的作用線偏離球心，與心保持一定的垂直距離（即力臂 L），作用力便分解為法向（$F_法$）和切向（$F_切$）兩個分力，前者為撞擊力，使球產生平動，後者為摩擦力，主要使球產生轉動（圖 2-9）。因此，力的作用線不通過球心是乒乓球產生旋轉的基本原因。

（二）基本的旋轉軸及其旋轉

　　乒乓球本身是一個無固定轉軸的球體，但當球旋轉時便會自然呈現出一條通過球心的旋轉軸來。擊球時，由於擊球部位和用力方向的不同，可以使球產生多種多

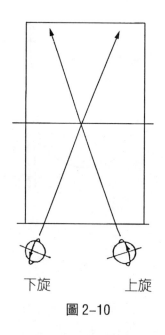

下旋　　　　　上旋

圖 2-10

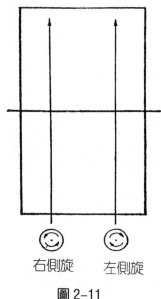

右側旋　　左側旋

圖 2-11

樣的旋轉，形成各式各類的旋轉軸。但是，無論球的旋轉怎樣繁多，球的轉軸如何複雜，它始終是圍繞著三個基本轉軸及六種基本旋轉而變化。

1. 左右軸（橫軸）

通過球心與臺面平行，與球的飛行方向相垂直的軸。從擊球者方位看，球繞此軸向上旋轉為上旋球，向下旋轉為下旋球（圖 2-10）。

2. 上下軸（豎軸）

通過球心與臺面垂直的軸，從擊球者方位看，球繞此軸向左旋轉為左側旋球，向右旋轉為右側旋球（圖 2-11）。

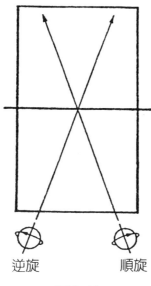

逆旋　　　　順旋

圖 2-12

3. 前後軸（縱軸）

通過球心與臺面和球的飛行方向相平行的軸。從擊球者方位看，球繞此軸按順時針方向旋轉為順旋球，按逆時針方向旋轉為逆旋球（圖 2-12）。

（三）各種旋轉球的特性

球的旋轉性質不同，其飛行弧線、著臺和觸拍後的反彈情況都具有不同特點。

1. 上、下旋球

球旋轉時，帶動球體周圍的空氣一起轉動，形成一個環流。當球呈上旋向前飛行時，球體上沿的氣流因與

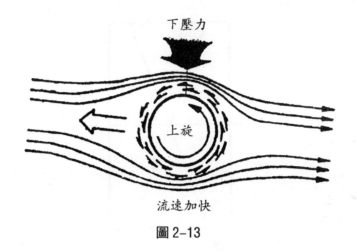

圖 2-13

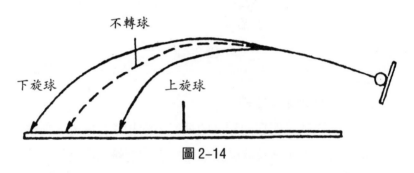

圖 2-14

迎面氣流的方向相反，其流速減慢；球體下沿的氣流因
與迎面氣流的方向相同，其流速加快。遵循流體力學中
流速越慢、壓強越大，流速越快、壓強越小的原理，球
體上沿的空氣壓強大，下沿的空氣壓強小，空氣給球體
一個下壓力（圖 2-13）。因此，上旋球與不轉球相
比，其弧線高度要低，打出距離要短，弧線曲度要大
（圖 2-14）。

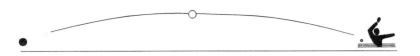

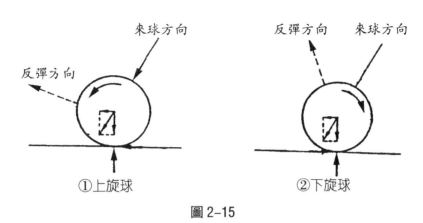

圖 2-15

① 上旋球　　　　　　② 下旋球

上旋越強，情況愈甚。當球呈下旋向前飛行時，其情況正好與上旋球相反。球體下沿的空氣壓強大，上沿的空氣壓強小，空氣給球體一個升舉力。與不轉球相比，下旋球的弧線高度要高，打出距離長，弧線曲度要小（參見圖 2-14）。下旋越強，情況愈甚。

上旋球的旋轉方向和前進中的車輪轉向相同，球著臺時給臺面一個向後的摩擦力，臺面給球體一個大小相等、方向相反（向前）的摩擦反作用力，從而使球的反彈角度減小，前進速度加快（圖 2-15-①）。上旋越強，情況愈甚。下旋球剛好與上旋球相反，像個倒轉的車輪。球著臺時給臺面一個向前的摩擦力，臺面給球體一個大小相等、方向相反（向後）的摩擦反作用力，從而使球的反彈角度增大，前進速度減慢（圖 2-15-②）。下旋越強，情況愈甚，以致出現回跳現象。

上旋球觸及平擋拍面時，給拍面一個向下的摩擦

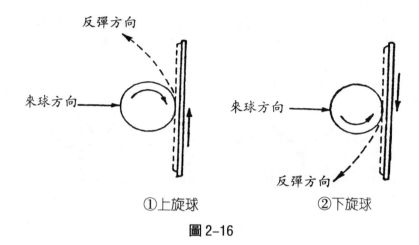

①上旋球　　　　　　　②下旋球

圖 2-16

力，拍面給球體一個向上的摩擦反作用力，從而使球向上方反彈（圖 2-16-①）。下旋球恰好與此相反，球觸拍後向下方反彈（圖 2-16-②）。

2. 左、右側旋球

球呈左側旋向前飛行時，左側的空氣壓力比右側大，球的飛行弧線略微向右偏拐；球著臺後的反彈方向變化不大；球觸拍時給拍面一個向右的摩擦力，拍面給球體一個向左的摩擦反作用力，因而球向左方反彈十分明顯（圖 2-17-①）。右側旋球的情況與此相反（圖 2-17-②）。

3. 順、逆旋球

球呈順、逆旋向前飛行時，由於球體周圍氣流受迎面氣流的影響大致相同，其飛行弧線基本上不發生變化。順、逆旋球著臺後拐彎現象十分明顯。順旋球著臺

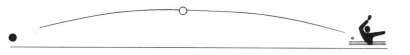

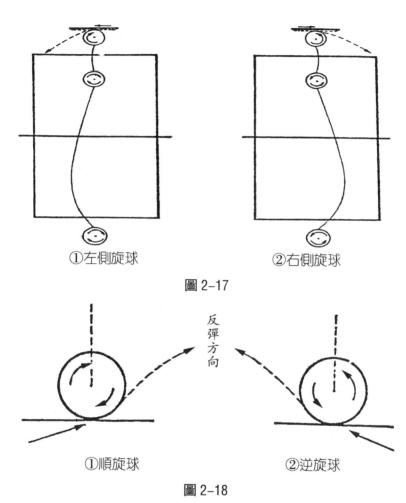

①左側旋球　　　　　　②右側旋球

圖 2-17

反彈方向

①順旋球　　　　　　②逆旋球

圖 2-18

時，給臺面一個向左的摩擦力，臺面給球體一個向右的摩擦反作用力，從而使球向右側拐彎（圖 2-18-①）。逆旋球與此相反，著臺後向左側拐彎（圖 2-18-②）。順、逆旋球觸拍後的反彈方向變化不明顯。

在乒乓球比賽和練習中，純粹的不轉球和典型的基本旋轉球是極其少見的，絕大多數的球都是繞三條基本旋轉軸的偏斜軸轉動的混旋球。混旋球的性能，取決於該球所含有的旋轉成分。混旋球由哪幾種基本旋轉所合成，它就同時呈現哪幾種基本旋轉球的特性，幾種基本旋轉中哪種旋轉的比例較大，則哪種旋轉球的特性就表現突出。例如，常見的側上旋球便是由側旋和上旋所合成，它在弧線、著臺、觸拍等方面同時呈現側旋球和上旋球的特性。側旋和上旋，哪種旋轉的比例較大，則哪種旋轉球的特性就表現突出。

由此可見，只要弄清了各種基本旋轉球的特性，判明了混旋球的成分，便不難得知各種混旋球的性能。

（四）增強旋轉的方法

1.加大擊球力量，使力的作用線適當遠離球心。物體轉動的快慢取決於轉動力矩（M）的大小，而轉動力矩的大小又取決於作用力（F）的大小和力臂（L）的長短，即 M＝FL。因此，加大擊球力量，使力的作用線遠離球心，能有效地增強球的旋轉。加大擊球力量的關鍵是提高球拍觸球時的瞬時速度（參見本節中「力量」一段）。使力的作用線遠離球心的方法是：合理調節拍面角度和用力方向，使球拍擊球時的摩擦儘量「薄」一些。但要注意，擦球越薄回球越轉，必須是以拍、球之間不打滑為度，否則就達不到增強旋轉的目的。

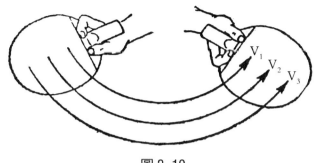

圖 2-19

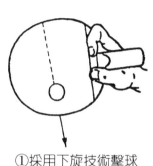

①採用下旋技術擊球

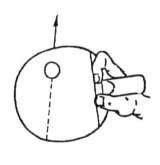

②採用上旋技術擊球

圖 2-20

　　2.以適當的球拍部位擊球。當球拍的揮擺速度一定時，越是靠近拍頭的部位，其線速度越大（圖 2-19），因而用靠近拍頭的部位擊球，可以增強回球旋轉。此外，採用下旋技術（搓球、削球等）擊球時，以球拍的左側部位觸球（以正手擊球為例，下同），可加大球拍摩擦球體的距離，從而增強回球旋轉（圖 2-20-①）。採用上旋技術（弧圈球、攻球等）擊球時，以球

拍的右側部位觸球，可增強回球旋轉（圖2-20-②）。

3.借助來球旋轉擊球。順著來球旋轉擊球，有助於增強回球旋轉。如以下旋球對付上旋球、以上旋球對付下旋球等。

4.選用黏性較好的球拍，以加大摩擦力，增強回球旋轉。

五、落　點

乒乓球的落點指的是球被擊出後的著臺點。擊球者將球還擊到對方臺區的著臺點叫做「回球落點」。對方將球還擊到本方臺區的著臺點叫做「來球落點」。研究乒乓球的落點，對於提高擊球質量和增強戰術效果十分重要。

（一）乒乓球落點的運用

1.擴大對方移動的範圍

落點離對方的站位越遠，越易於擴大對方的移動範圍。回短球時，其落點越靠近球網，越能調動對方上步接球；回長球時，其落點越接近端線，越能迫使對方後退擊球。拉大長短球的差距，就能擴大對方前後移動的範圍。回斜線或直線球時，落點越靠近邊線，給對方的威脅越大。交叉攻擊左右大角，不僅可以調動對方大幅度地左右移位，而且有助於抑制對方特長的發揮或擺脫對方的控制。

2.增大對方讓位的難度

採用追身球還擊時，落點越逼近身體，對方讓位越困難。有效地攻擊追身位置，能迫使對方無法佔據合適的擊球位置，從而削弱其回球質量或造成其直接失誤。

3.攻擊對方的薄弱部位

緊緊抓住對方的弱點，連續發起攻擊，既能夠有效抑制對方的特長，又利於充分發揮己方的技術。例如，對方反手弱就連壓反手，對方正手差就緊逼正手。

4.聲東擊西使對方失措

設法將球擊到對方判斷或移動的相反方向，常能收到良好效果。例如，採用假動作迷惑對方，然後突然改變擊球線路，使其判斷失誤。

（二）提高落點控制能力和變化能力的方法

1.採用各種專門練習，提高腕、指關節的靈活性和手部的精細調節能力。

2.進行各種基本技術練習時，將臺面劃為若干區域，要求練習者將球擊到規定的區域內。隨著技術水準的不斷提高，逐步加大練習的難度。

3.按照規定的擊球線路和線路變化進行練習，並對落點提出嚴格要求，例如，進行一點對兩點的練習時，要求逐步提高控制落點的準確性和變化落點的靈活性；進行兩點對一點的練習時，要求在不斷擴大來球落點區域的情況下，努力將球還擊到對方臺區規定範圍內；進

行兩點對兩點的練習時，要求逐步擴大移動範圍，縮小落點區域，加難線路變化。

4. 採用多球練習法，要求按照規定的擊球線路及線路變化，交替將不同落點、不同旋轉、不同節奏的來球還擊到規定區域內。

以上分別對乒乓球的弧線、力量、速度、旋轉和落點作了簡要分析。

最後需要指出，五要素雖然在性質上各不相同，但它們彼此緊密聯繫、不可分割。各要素之間，既有著相互補充和相互促進的一面，同時又存在著相互抵消和相互制約的一面。在教學和訓練中，要注意處理好各要素之間的辯證關係。

第二節　擊球過程的基本環節

判斷、移步、擊球、還原是乒乓球運動擊球過程的四個基本環節，貫穿於每一次還擊之中。從事乒乓球教學和訓練工作，必須正確認識和理解擊球過程的基本環節。

一、判　斷

判斷來球是決定腳步移動和還擊方法的前提。其主要內容是，判斷來球的線路、旋轉的性質，以及來球的旋轉強弱、速度快慢和落點遠近。

（一）判斷來球的線路

1. 根據對方擊球時的拍面方向判斷來球的線路。例如，對方站在球臺右角擊球，球拍觸球時拍面正對己方的右角，來球一般是斜線球；拍面正對己方的左角，則是直線球。

2. 根據球通過球網時的位置判斷來球的線路。例如，對方站在球臺右角擊球，球從球網的中間越過，來球一般是斜線球；球從球網的左邊越過，則是直線球。

（二）判斷來球的旋轉性質

1. 根據對方擊球時球拍揮動的方向判斷來球的旋轉性質。一般來說，對方由下（上）向上（下）揮拍擊球為上（下）旋球；由左（右）向右（左）揮拍擊球為右（左）側旋球；由左上（右上）向右下（左下）揮拍擊球為右（左）側下旋球；由左下（右下）向右上（左上）揮拍擊球為右（左）側上旋球。

2. 根據球的飛行情況和著臺反彈情況判斷來球的旋轉性質。帶上旋的球在空中飛行時，前段慢，後段快，著臺反彈衝力大；帶下旋的球在空中飛行時，前段快，後段慢，著臺反彈衝力小。旋轉越強，以上現象越明顯。

（三）判斷來球的旋轉強弱、速度快慢、落點遠近

1. 根據對方揮拍擊球時動作幅度的大小和揮拍速度的快慢判斷來球的速度、落點和旋轉強度。一般來說，對方揮拍擊球時的動作幅度大，揮拍速度快，則擊球的力量較大，來球的旋轉較強、速度較快、落點較遠；反之，則擊球的力量較小，來球的旋轉較弱、速度較慢、落點較近。

2. 根據對方擊球時的觸球情況判斷來球的旋轉強度。對方擊球時摩擦多、撞擊少，則來球旋轉較強；若撞擊多、摩擦少，則來球旋轉較弱。

3. 根據球的飛行弧線判斷來球的落點遠近。來球飛行弧線的最高點若在對方臺區上空，則來球落點距網較近；若在本方臺區上空，則來球落點離網較遠。

判斷來球，要特別注意觀察對方擊球時球拍觸球瞬間的動作，切勿被對方的假動作所迷惑。同時，還應把己方上次回球的旋轉、落點、速度等情況及其對對方擊球的影響考慮進去，從而作出正確的判斷。

二、移　步

移步的目的主要在於搶佔有利的擊球位置。由於乒乓球的速度較快，變化較複雜，還擊方法較多，因而在完成腳步移動時反應要快，判斷要準，確定還擊方法要果斷，起動要及時，步法要靈活，步法與手法的配合要

協調。在教學和訓練中，不僅要努力提升起動速度和位移速度，而且要重視抓好反應判斷能力的提升，並注意把步法練習與手法練習緊密結合起來。

在還擊來球過程中，移步具有重要意義。腳步移動好，能夠迅速搶佔有利的擊球位置，提高回球的命中率和擊球質量。

反之，腳步移動差便難以搶佔有利的擊球位置，勉強擊球必然會破壞正確的擊球動作，影響回球的命中率和擊球質量。尤其是對於初學打球的少年兒童，要特別注意加強腳步移動能力的培養和訓練。

三、擊　球

擊球是四個基本環節中的中心環節。高質量的擊球，必須以及時的還原為前提，以準確的判斷為依據，以迅速到位的移步為保證。

擊球應根據對方的回球情況和自己的打法特點，果斷確定還擊方法，合理運用擊球技術，力求取得最佳的擊球效果。在擊球過程中，要特別注意把握好擊球點、擊球距離、擊球時間、擊球部位、觸拍部位、用力方向和力量運用。

（一）擊球點

擊球點是指擊球時，球拍與球體相接觸那一點的空間位置。擊球點的確定須有助於擊球動作的協調、擊球

力量的發揮和對回球弧線的控制。為此，在確定擊球點時應注意以下兩點：

1. 合理選擇擊球點

無論採用哪種技術擊球，均應注意將擊球點選擇在身前（軀幹遠離球網一側的前面），切忌在身後擊球。同時，擊球點應與擊球者的身體保持適宜位置。擊球點既不能偏後，也不可過前；既不能太低，也不可過高；既不能靠身體太近，也不可離身體過遠。

2. 相對固定擊球點

不同擊球技術對擊球點的要求各有差異，例如削球的擊球點比攻球、弧圈球的擊球點略後、略低。但是，每種擊球技術的擊球點必須各自相對固定，擊球時始終保持在某一合適的空間位置上。特別是對於初學者，這一點尤為重要。

要取得合理的擊球點，必須加強腳步移動，及時搶佔有利的擊球位置，否則便難以達此目的。

（二）擊球距離

揮拍擊球時，球拍的起始點（即引拍結束時的球拍位置）到擊球點之間的揮拍長度稱為擊球距離。擊球距離的長短，與還擊時的擊球方法和發力大小有密切關係。例如，用推擋技術擊球，其擊球距離較短；用攻球技術擊球，其擊球距離稍長；用弧圈技術擊球，其擊球距離更長。

又如，加力推時，其擊球距離比快推要長；發力攻時，其擊球距離比快攻要長；發力拉時，其擊球距離比輕拉要長。

此外，擊球距離的長短與打法類型、技術風格等有一定聯繫。例如，以速度、落點見長的運動員，擊球時的擊球距離一般較短；以力量、旋轉為主的運動員，擊球時的擊球距離相對較長。在擊球時，應注意根據還擊方法的不同要求，選擇適宜的擊球距離。

適宜的擊球距離，應以合理的擊球點為基準，由正確的引拍動作而取得。絕不能採用隨意改變擊球點位置的方法，去加長或縮短擊球距離。因此，擊球時應注意把握好引拍的時機、引拍的方向、引拍的方法、引拍的幅度和引拍的節奏。

（三）擊球時間

擊球時間是指擊球時球拍觸球瞬間球體在空間所處的時期。來球從著臺點反彈跳起至回落到地面的整個過程，可分為上升、高點、下降三個時期。各種擊球技術的擊球時間各不相同。

例如，快推時擊球上升期，加力推時擊球高點期；近臺攻球時擊球上升期，中遠臺攻球時擊球下降期；拉加轉弧圈球時擊球下降期，拉前衝弧圈球時擊球高點期；近臺削球時擊球下降前期，中遠臺削球時擊球下降後期。

另外，不同類型打法在擊球時間上亦各具特點。快攻類打法以速度為主，擊球多在上升期；弧圈類打法以旋轉為主，擊球多在高點期前後；削攻類打法主要是後發制人，擊球多在下降期。因此，在還擊來球時，應注意根據自己的擊球方法和打法特點選擇好擊球時間。

以上是擊球時間的一般規律。對於初學者來說，應嚴格按照各種技術動作的不同要求，相對固定擊球時間，這不僅有助於學習掌握技術動作，而且有助於提高擊球的準確性。隨著技術水準的提升，再進一步學習掌握主動變化擊球時間和擊球節奏的技術。

（四）擊球部位與用力方向

擊球部位是指擊球瞬間，球拍擊在球體上的位置。用力方向是指球拍擊球時的揮動方向。擊球部位與用力方向的有機結合，是提高回球準確性和擊球質量的關鍵之點。擊球時，主要由調節擊球部位和用力方向來控制回球的飛行弧線，在保證飛行弧線合理的前提下，還須根據來球的不同情況和還擊方法的不同要求，有機地結合擊球部位與用力方向，以求取得最佳擊球效果。

擊球部位與用力方向的結合有以下幾種方式：

一種是相對固定用力方向，以調節擊球部位為主，譬如，推擋技術就多採用此法；

另一種是相對固定擊球部位，以調節用力方向為主，譬如，弧圈球技術就多採用此法；

再一種是同時調節擊球部位和用力方向，譬如，攻球、削球技術就多採用此法。

採用不同技術還擊各種來球時，其擊球部位與用力方向的一般情況是：

1. 攻球對攻球：一般擊球中上部，向前方或前上方用力。

2. 攻球對削球：一般擊球中部或中下部，向前上方用力。

3. 削球對攻球：一般擊球中下部，向前下方用力。

4. 搓球對搓球：一般擊球中下部，向前下方用力。

5. 拉弧圈球：拉加轉弧圈球，一般擊球中部，向上前方用力；拉前衝弧圈球，一般擊球中上部或上中部，向前上方用力。

還擊來球時，擊球部位由觸球時的拍形所決定，用力方向由擊球時的揮拍路線所決定。在乒乓球教學和訓練過程中，不僅要努力提高反應判斷能力和腳步移動能力，而且要注意培養精細的手上調節能力。

（五）觸拍部位

觸拍部位是指擊球瞬間球體觸及在球拍上面的位置。合理的觸拍部位不僅有助於控制來球，提高回球的準確性，而且有助於增強擊球的力量、旋轉及其變化，

提高回球的攻擊力。

　　採用不同的技術動作擊球，對觸拍部位的要求各不相同。例如，拉弧圈球或攻球時（以正手擊球為例，下同），應用球拍的右下部位擊球；削球或搓球時，應用球拍的左下部位擊球（圖 2-19、2-20）。練習時，要嚴格按照各種技術動作的要求，正確掌握好觸拍部位。對於初學者來說，這一點特別重要，不然就難以迅速形成正確的動力定型。

　　隨著技術水準的提升，需要進一步掌握主動變化觸拍部位的技術，以增強回球的變化。例如，搓球或削球時，可用球拍的左下部位擊球，打出旋轉較強的球，又可用球拍的右上部位擊球，打出旋轉較弱的球；拉弧圈球時，可用球拍的右下部位擊球，拉出旋轉較強的球，又可用球拍的左上部位擊球，拉出旋轉較弱的球。

　　兩者交替運用，可大大豐富回球的變化，在比賽中收到明顯效果。這種主動變化觸拍部位擊球的方法在發球中運用最為普遍，是增強發球變化、提升發球質量的重要手段。

　　提高擊球時觸拍部位的準確性，尤其是增強主動變化觸拍部位的能力，並不是一件容易的事情。這不僅要求具有正確的判斷、靈活的步法、合理的手法，而且要求具備精確的時空感覺和細膩的手上感覺。這些能力只有在成千上萬次的擊球練習中去反覆體驗、不斷積累才能獲得。因此，在乒乓球教學和訓練中要特別強調集中

注意，開動腦筋，手腦並用，想練結合。否則，只會事倍功半，達不到理想的練習效果。

（六）力量運用

合理運用擊球力量，有助於提高回球的準確性，增強擊球的攻擊力，豐富戰術的變化。不同技術、戰術和打法，擊球力量的運用各不相同。

1. 不同技術的力量運用

（1）還擊近網短球時，擊球多以手腕發力為主。如攻臺內球、擺短球等。

（2）在近臺或中近臺還擊來球時，採用以速度為特點的技術擊球，多以前臂發力為主，如快推、快撥、近臺攻球、近削等；採用以力量為特點的技術擊球，多以上臂為主帶動前臂發力，如扣殺、前衝弧圈球等。

（3）在中臺或中遠臺還擊來球時，擊球多以上臂為主帶動前臂發力，如中遠臺攻球、弧圈球、遠削等。

2. 不同戰術的力量運用

在各種戰術中，力量的運用可分為發力、借力、減力三種。

（1）發力：擊球時主要依靠己方發出的力量把球還擊過去。發力擊球是比賽中的主要得分手段，其難度較大，對技巧和素質的要求較高，因而需要經常練習，努力提升。

（2）借力：擊球時主要借用對方來球的反彈力把球

還擊過去。借力擊球具有一定的速度，利於控制落點，比較穩健，是相持階段的重要技術。

（3）減力：擊球時緩衝對方來球的反彈力，使回球的球速減慢，打出距離縮短。在對方離臺較遠時，運用減力擊球的方法可以起到削弱對方攻勢和調動對方移動的作用。

3. 不同打法的力量運用

（1）以速度為主的各種打法，擊球時多以撞擊為主。如快攻類打法。

（2）以旋轉為主的各種打法，擊球時多以擦擊為主。如弧圈類、削攻類打法。

綜上所述，乒乓球擊球力量的運用應注意處理好上臂、前臂與手腕，發力、借力與減力，撞擊與擦擊等各種複雜關係。既堅持以我為主，特長突出，又做到技術全面，變化多樣，適應性強，把較高的準確性與較強的攻擊力有機地統一起來，力求取得最佳的擊球效果。

四、還　原

每次擊球後都必須迅速還原，及時回復擊球前的基本姿勢和基本站位，做好再次擊球的準備。及時的還原是連續擊球的重要保證。

基本姿勢的還原主要包括身體重心的還原和執拍手動作的還原，這是每次擊球所必不可少的。還原身體重心的意識要特別強，擊球一經結束，承受重心的腿就應

像被壓緊的彈簧一樣，立即將身體重心「彈」回。執拍手動作的還原，應注意擊球後的迅速放鬆和還原動作的簡潔實用。

基本站位的還原必須儘力做到，儘管它在快速激烈的乒乓球對抗中有著相當的難度，但絕不能放棄為此作出應有的努力。這裡需要指出的是，基本站位係指一個範圍，不能簡單地把它視為固定一點。

在乒乓球對抗中，雙方的擊球位置和戰術總是在不斷地發生變化，因而其基本站位也絕不會一成不變。所以，在教學和訓練中應正確理解和靈活處理基本站位的還原。

第三節　擊球動作的基本結構

乒乓球的擊球技術種類繁多，各種擊球技術的動作方法各不相同，但是，各種擊球技術在擊球動作的結構方面卻有著共同的規律。乒乓球的擊球動作一般包括準備姿勢、擺臂引拍、迎球揮拍、球拍觸球、隨勢揮拍、身體配合六個部分。

一、準備姿勢

擊球的開始，首先是按照擊球技術的要求，調整好兩腳位置、身體重心和身體姿勢，做好揮拍擊球的準備。譬如，當決定採用正手攻球技術還擊來球時，就應

左腳在前，右腳稍後，身體略向右轉，重心移至右腳；當決定採用反手攻球技術還擊來球時，就應右腳在前，左腳稍後，身體略向左轉，重心移至左腳。

擊球前的腳步移動、擊球時的準備姿勢和引拍動作，三者彼此銜接，緊密配合，常常是一氣呵成，難以截然分割。

二、擺臂引拍

擺臂引拍是指迎球揮拍之前，為拉開擊球距離而順著來球方向所做的擺臂動作。引拍的作用主要在於保證擊球時能夠更好地發力。引拍動作的正確與否，直接影響著擊球動作及擊球質量。引拍是否及時，是能否保持合理擊球點的重要條件。引拍是否充分，是能否發揮擊球力量的重要因素。引拍的方法和引拍的結束姿勢如不正確，必然導致整個擊球動作出現錯誤。此外，引拍的方向與揮拍方向緊密相連，關係著回球的旋轉性質。

三、迎球揮拍

迎球揮拍是指從引拍結束到擊中來球這段過程的動作。揮拍動作的正確與否，對回球的準確性和擊球的質量均具有較大影響。

揮拍的方向決定回球的旋轉性質，並影響回球的飛行弧線和擊球線路。揮拍的速度決定擊球力量的大小，從而影響球速的快慢、旋轉的強弱。

四、球拍觸球

球拍觸球係指球拍與球體相觸及時的動作，是整個擊球動作中的核心部分。球拍觸球時的擊球點、擊球時間、拍面角度、拍面方向、觸拍部位、用力方向、發力大小等，直接決定著回球的出手角度、出球速度和旋轉性質。

五、隨勢揮拍

隨勢揮拍是指球拍觸球後順勢前揮球拍的那段動作，它有助於保證擊球動作的完整性、協調性和穩定性。球拍觸球之後，隨勢揮拍的動作幅度不能過大，要注意立即放鬆各有關肌群，否則將有礙於擊球後的迅速還原，影響連續擊球。

六、身體配合

身體配合是指身體各部位在擊球過程中的彼此協調。協調的身體配合是提升擊球質量的重要條件。

了解擊球動作的結構，對於提升組織教學和分析動作的能力有很大幫助。在教學訓練中，如能按照擊球動作的結構進行講解、示範和組織練習，可以加強教法的系統性；如能根據擊球動作的結構去觀察分析擊球動作，有助於及時準確地發現和糾正錯誤動作，提升教學、訓練質量。

第四節　擊球工具的種類和性能

球拍是乒乓球運動的擊球工具。目前規則許可使用的球拍，有膠皮拍和膠皮海綿拍兩類。球拍的種類不同，其性能亦各不相同。

一、膠皮拍

在底板上直接黏貼一層膠皮的球拍叫膠皮拍。規則規定，膠皮拍上黏貼的膠皮，其膠粒必須向外，膠皮連同黏合劑的厚度不得超過2公釐。根據膠皮的厚度，膠皮拍分為短齒膠皮拍和長齒膠皮拍（圖2-21）。

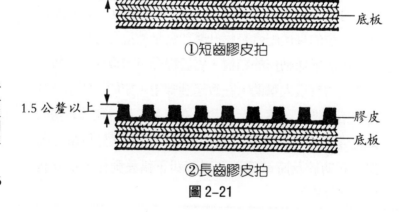

1.5 公釐以內　　　　膠皮
　　　　　　　　　底板
①短齒膠皮拍

1.5 公釐以上　　　　膠皮
　　　　　　　　　底板
②長齒膠皮拍
圖 2-21

（一）短齒膠皮拍

膠皮厚度不超過1.5公釐。

短齒膠皮拍的彈力均勻，**擊球穩定**，容易掌握。但此種球拍彈性較差，回球速度不快，不易製造強烈旋轉。

（二）長齒膠皮拍

膠皮厚度在1.5公釐以上。

長齒膠皮拍的膠粒柔軟，摩擦系數低，主要利用來球的旋轉或衝力增強回球的旋轉和變化。例如，用削球回接對方拉或攻過來的球，在來球旋轉較弱或衝力較小的情況下回球加轉較難；在來球旋轉較強或衝力較大的情況下則回球旋轉更強。

長齒膠皮拍有改變回球旋轉性質的作用。例如，對方來球上旋，用擋球還擊則回球呈下旋；對方來球下旋，用搓球還擊則回球呈上旋；對方來球不轉，則回球也不轉。可見，用長齒膠皮拍擊球所產生的旋轉變化比短齒膠皮拍要大得多。但長齒膠皮拍比短齒膠皮拍難於掌握，且回球速度也不快。

二、膠皮海綿拍

在底板和膠皮之間夾貼一層海綿的球拍叫膠皮海綿拍。規則規定，海綿和膠皮連同黏合劑，其總厚度不得

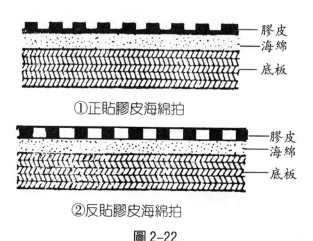

①正貼膠皮海綿拍

②反貼膠皮海綿拍

圖 2-22

超過 4 公釐，其中膠皮的厚度不得超過 2 公釐；膠皮的膠粒可以向外（即正貼），也可以向裡（即反貼）。由此，膠皮海綿拍分為正貼膠皮海綿拍和反貼膠皮海綿拍兩類（圖 2-22）。由於膠皮和海綿的質地與搭配上的不同，正、反貼膠皮海綿拍各又分為許多不同種類。

（一）正貼膠皮海綿拍

目前最常用的正貼膠皮海綿拍，有正膠海綿拍和生膠海綿拍兩種。

1. 正膠海綿拍

在海綿上面覆蓋一層普通的短齒膠皮，膠皮的含膠量不大，膠粒比膠硬，黏性不太強。此種球拍反彈力強，回球速度快，但不易製造強烈的旋轉。

2. 生膠海綿拍

在較薄的海綿上面覆蓋一層生膠膠皮。生膠膠皮在規格上與短齒膠皮很相似，只是含膠量比普通膠皮要大，故膠粒略軟。

此種球拍反彈力較強，回球速度較快，摩擦力較小，回球略下沉。使用這種球拍擊球，需要更多地依靠自身發力，且不易製造出差別較大的旋轉變化。

（二）反貼膠皮海綿拍

常用的反貼膠皮海綿拍有反膠海綿拍和防弧海綿拍兩種。

1. 反膠海綿拍

將膠皮有顆粒的一面向裡，無顆粒的一面向外，反貼在硬型海綿上。

此種球拍膠質柔軟，拍面平整，黏性較大，能製造強烈的旋轉。但這種球拍反彈力稍差，回球速度較慢，且不易控制好對方擊來的旋轉球。

2. 防弧海綿拍

在結構鬆軟的海綿上，反貼一種硬而發澀的膠皮。

此種球拍彈性差，黏性小，緩衝性高，可以削弱來球的旋轉作用，利於控制對方拉出的弧圈球。但這種球拍同時也會影響己方回球的旋轉和速度。

第二章　削球打法的基本理論

三、球拍的選擇

由於不同種類的球拍各具不同的性能，因而練習者首先應根據自己的技術特點，確定使用球拍的種類。

目前，各種類型打法使用球拍的情況大致如下：

（一）快攻類打法，多使用正膠海綿拍或生膠海綿拍。

（二）弧圈類打法，多使用反膠海綿拍。

（三）橫拍削攻類打法，多使用兩面不同性能的球拍。球拍的一面黏貼反膠，另一面黏貼長膠或防弧膠。

（四）直拍削攻類打法多使用長膠球拍。

挑選球拍時，可從底板、膠皮、海綿三個方面加以考慮。底板的選擇，主要考慮底板的形狀、重量和彈性；膠皮的選擇，主要考慮膠粒的高度、大小和密度；海綿的選擇，主要考慮海綿的厚度和硬度。球拍一經選定，應固定使用，不要隨意調換，以利儘快熟悉和掌握球拍的性能。

第三章
削球打法的技術

第一節　握拍法

一、作用和特點

握拍是完成乒乓球技術動作的前提和基礎，正確的握拍法對掌握乒乓球基本技術和提高乒乓球擊球技巧有密切關係。

削球打法的握拍方法大致分為兩種：一種是直拍握法，採用此握法的優秀選手有張燮林、葛新愛等；另一種是橫拍握法，採用此握法的優秀選手有陳新華、丁松等。

二、動作要點

（一）直拍握法（圖3-1）

拇指和其餘四指分開握住球拍的兩面，拇指自然彎曲緊貼拍柄的左側肩部，其餘四指自然分開，托住球拍

圖 3-1　直拍握法

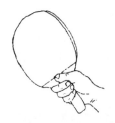  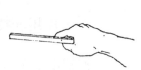

圖 3-2　橫拍握法

的後面，以增大球拍削球的穩定性。

（二）橫拍握法（圖 3-2）

虎口貼在球拍右上肩，拇指和食指分開呈八字形，貼在球拍前後，其餘三指彎曲，握住拍柄。

三、練習提示

（一）握拍要自然，不可過分用力，但又要保持適度緊張，這樣才有利於穩定動作，提高擊球的命中率。否則，握拍太緊會影響執拍手各部位肌肉的發力和各關

節、手指的靈活性。

（二）初學者應掌握基本握拍方法，握拍法一經確定後，不要經常變動，否則會影響技術水準的提升。但允許高水準選手根據個人的體會對握拍法進行適當的「微調」，以便使握拍更有利於個人技術特長和技術風格的發揮。

第二節　基本站位與準備姿勢

一、基本站位

（一）作用和特點

基本站位是指削球運動員在發球或接球時站立的位置。基本站位的選擇是否適宜，會直接影響到發球及接球的效果，對腳步移動的快慢也有密切的關係。

（二）動作要點

1.削球打法運動員的站立，一般離臺 50～90 公分，攻削結合打法離臺稍近些，以削為主打法離臺稍遠些（圖 3-3）。

2.削球打法一般採用右腳稍前、左腳稍後、身體稍前傾、位於球臺中間略偏反手的位置（以右手執拍為例，下同），這樣的站位有利於照顧反手削球及接短

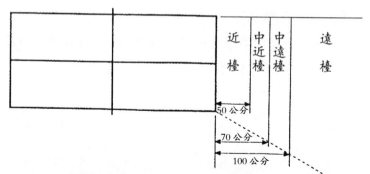

近　檯　運動員離球檯 50 公分以內的範圍。
中近檯　運動員離球檯 70 公分以內的範圍。
中遠檯　運動員離球檯 100 公分（1 公尺）以內的範圍。
遠　臺　運動員離球檯 100 公分（1 公尺）以外的範圍。

圖 3-3　站位

球。

　　攻削結合打法的選手也有選擇左腳稍前、右腳稍
後、身體略向右側偏斜的站位，這樣的站位有利於正手
位的進攻（圖 3-4、3-5）。

（三）練習提示

　　1.站位的選擇應根據個人的身體特點和技術特點來
確定，身材高大的選手站位可離臺稍遠些；個子矮小的
選手站位可離臺稍近些。
　　2.應根據對手打法的特點選擇站位。對付進攻凶狠
的選手，站位可選擇離臺稍遠些，以便加強防守；對付
同類打法的選手，站位可靠球臺近些，以便加強進攻；

圖 3-4　削球打法站位　　　圖 3-5　攻削結合打法站位

對付左手握拍的選手，站位應稍向球臺中間位移，以便封住對手的側身打大角的線路。

二、準備姿勢

（一）作用和特點

準備姿勢是指運動員準備擊球時或還擊球時身體各部位的姿勢。準備姿勢的正確與否，對於運動員快速起動和合理移動步法有著重要作用。

（二）動作要點

兩腳開立，略比肩寬，右腳稍前，左腳稍後，兩膝微屈，腳跟稍提起，兩腳前腳掌內側蹬地，重心置於兩腳之間，含胸收腹，身體稍前傾，肩關節放鬆，執拍手位於胸前（圖 3-6）。

圖 3-6　準備姿勢

（三）練習提示

1.與進攻型打法相比，削球打法兩腳間距稍寬，重心稍低，上體前傾較小，這樣便於防守動作的穩定性。

2.兩腳的間距要因人而異。兩腳間距過寬，會影響步法的起動；兩腳間距過窄，身體重心太高，會影響擊球動作的穩定性，因此兩腳間距的選擇要適中。

第三節　步　法

一、步法的重要性

步法是指擊球前為選擇合適的擊球位置所採用的移動方法。步法是乒乓球擊球環節的一個重要組成部分，

步法移動的目的就是為了能經常保持合適的擊球位置，準確地使用技術動作，同時也是銜接各項技術動作和執行各項戰術的有力保證。

步法的好壞對於提升擊球質量，促進運動技術水準的提升有著極其重要的作用，步法靈活就能擴大控制的空間，能更好地發揮個人的技戰術特長。有人說「步法是乒乓球運動員的生命」，確有其一定的道理。

二、基本步法

（一）小跳步

1. 作用和特點

一般用於調整身體重心或兩腳間距，如削球手每削一板球後，經常採用小跳步還原，使每一次擊球前都保持較好的準備姿勢，從而加快了步法的移動速度。此步法具有移動範圍小、便於身體重心還原的特點。

2. 移動方法

小跳步移動時，兩腳的前腳掌幾乎同時上下輕輕跳一下或蹠一下。

3. 練習提示

在小跳步移動時注意兩腳幾乎是不離開地面，只是原地蹠一下。

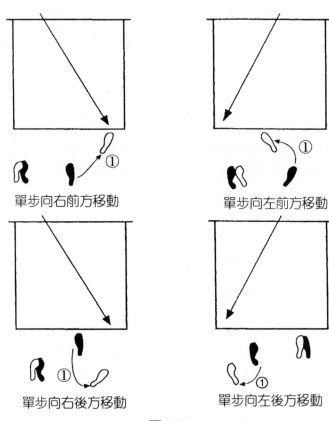

單步向右前方移動　　　　　單步向左前方移動

單步向右後方移動　　　　　單步向左後方移動

圖 3-7

(二)單步(圖 3-7)

1. 特點和作用

一般在來球離身體不遠的小範圍內使用,如上步接近網短球、削追身球等。此步法具有移動簡單、重心移動比較平穩的特點。

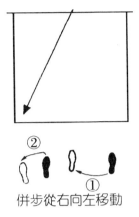
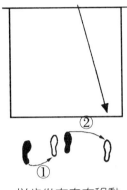

併步從右向左移動　　　　併步從左向右移動

圖 3-8　併步

2. 移動方法

以一腳為軸，並以此腳前腳掌內側用力蹬地，另一腳向來球方向做前或後或左或右方向移動，身體重心隨之跟上，落在擺動腳上。

3. 練習提示

（1）在單步移動時，身體重心應及時移動到擺動腳上。

（2）擊球後，擺動腳的前腳掌內側用力蹬地，注意立即還原，及時調整重心，準備回擊下一板球。

（三）併步（圖3-8）

1. 特點和作用

一般在來球離身體不太遠的情況下使用，如削球打法在中等範圍的前後，左右移動時常用此步法。此步法

具有重心移動平穩、動作易於還原的特點。

2. 移動方法

先以來球異側方向的腳蹬地迅速向同側方向的腳移半步或一小步，同側方向腳在併步腳落地後即向來球方向滑一步。

3. 練習提示

（1）併步移動時，重心不要起伏，不要做騰空的動作，注意保持身體的平衡。

（2）併步是兩步組成的，故要求兩腳移動時的動作速度更應快捷。

（3）併步位移後，要注意用併步或小跳步還原，準備還擊下一板球。

（四）跨步（圖3-9）

1. 作用和特點

一般在來球離身體較遠的情況下使用，如削球手在中臺接突擊或左右移動救球時用此步法。此步法具有移動幅度較大、速度快的特點。

2. 移動方法

來球方向的異側腳前腳掌內側用力蹬地，另一腳向來球方向（向前、後或左、右）跨一大步，蹬地腳迅速跟半步，身體重心隨即移動到擺動腳上。

3. 練習提示

（1）跨步移動時，支撐腳的腳前掌內側要用力蹬

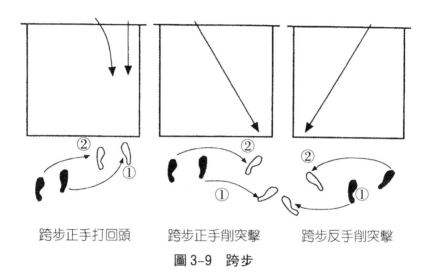

跨步正手打回頭　　跨步正手削突擊　　跨步反手削突擊

圖3-9　跨步

地，擺動腳的腳尖要轉向移動方向。

（2）在蹬跨移動時，蹬地腳和身體重心要及時跟上。

（3）擺動腳著地時，注意用前腳掌內側蹬地制動起緩衝作用，然後用小跳步還原，原地調整重心準備回擊下一板球。

（五）交叉步（圖3-10）

1. 作用和特點

　一般在來球離身體比較遠的情況下使用，如削球打法在前後移動接短球、削突擊球時採用。此步法具有移動範圍大、速度快的特點。

　根據交叉步的移動方向又可分為正交叉步、反交叉

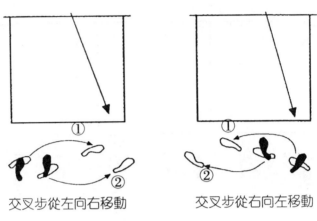

交叉步從左向右移動　　　　交叉步從右向左移動

圖 3-10　交叉步

步、前交叉步和後交叉步四種。

從反手位向正手位移動時使用的交叉步叫正交叉步；從正手位向反手位移動時使用的交叉步叫反交叉步；從後向前移動時使用的交叉步叫前交叉步；從前向後移動時使用的交叉步叫後交叉步。削球打法前後移動用交叉步較多，而左右移動用交叉步較少。

2. 移動方法

先以靠近來球方向的腳作為支撐腳，使遠離來球的腳迅速向前、後或左、右不同方向跨出一步，支撐腳跟著前腳移動方向再邁一大步。

3. 練習提示

（1）削球打法用交叉步移動時，注意第一步要小些，第二步要大些，而攻球時則相反。

（2）交叉步移動時，當雙腳交替向某一方向移動

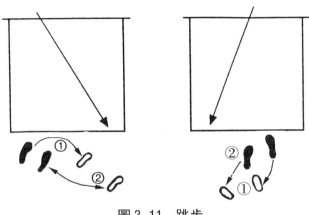

圖 3-11　跳步

時，身體重心應隨著支撐腳的變化而落在最後動的一隻腳上。

（3）交叉步移動時應注意腰腿的協調配合，尤其是注意應用髖關節的轉動來協調身體重心的移動。

（4）擊球後，注意用小跳步調整站位，恢復身體重心的平衡。

（六）跳步（圖3-11）

1. 作用和特點

一般在來球速度較快、角度較大時採用，如削球選手在後退接突擊球時，可用此步法。跳步移動時會有短暫的騰空時間，具有移動速度快、範圍較大的特點。

2. 移動方法

以來球異側方向的前腳掌內側用力蹬地，使兩腳離

開地面的同時向來球方向跳動，蹬地腳先著地，另一腳隨即落地。

3. 練習提示

（1）進行跳步移動時，注意加大蹬地前腳掌內側向移動方向的蹬力，以加快步法的移動速度。

（2）跳步移動應注意在空中騰空的時間不要太長，否則將影響該步法的移動速度。

（3）跳步移動時，注意用膝關節和踝關節的緩衝來減小重心的起伏。

（七）小碎步

1. 作用和特點

一般在原地調整身體重心或小範圍的取位移動時應用，如削球手從遠臺上前接近網球時，可先用小碎步向前移動後接一個跨步或交叉步等。此步法具有移動頻率快、重心穩定的特點。

2. 移動方法

小碎步即高頻率的原地或前後、左右的小跑步，它是銜接各種步法的組合步法。

3. 練習提示

（1）兩腳移動時頻率要快，儘量貼近地面。

（2）移動時身體要緊湊，不要太鬆散。

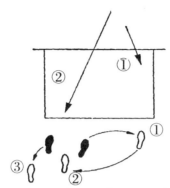

圖 3-12　單步向側前方上步後，以跳步向側後方移動

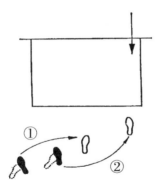

圖 3-13　交叉步上前接近網短球

三、步法的運用

（一）回擊近網短球的步法（圖3-12、13）

1. 在近臺接發球或接近網球時，多採用單步和跨步上前移動。

2.在中臺接近網短球時，多採用併步、前交叉步上前移動。

（二）回擊左右方向來球的步法（圖3-14、15、16）

1.小範圍左右移動時，多採用單步、併步（滑步）或單步和併步相結合的方法進行移動。

2.大範圍左右移動時，多採用左右單交叉步或左右雙交叉步。

（三）回接長短球的步法（圖3-17、18、19）

1. 遠臺上前接短球

短距離接短球的移動方法前面已介紹過，長距離接短球可採用前交叉步。

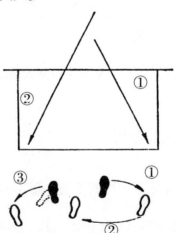

圖3-14　先以單步向右方移動，再以併步向左方移動

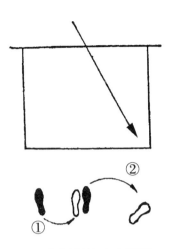

先以併步向右移動

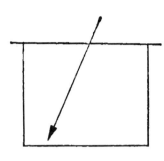

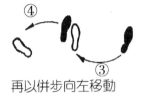

再以併步向左移動

圖 3-15

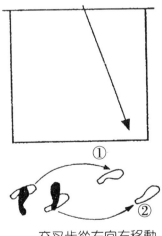

交叉步從左向右移動

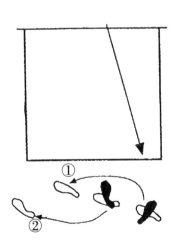

交叉步從右向左移動

圖 3-16

2. 退臺接長球

（1）如後撤距離較短，可採用向後的單步或跨步後退回接同方向的長球；用併步或跳步後退去回接異方向的長球。

（2）如後撤距離較長，可採用後交叉步。

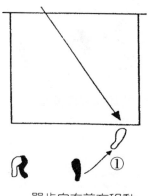

單步向右前方移動

單步向左前方移動

單步向右後方移動

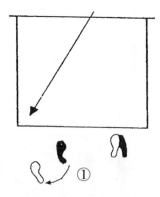

單步向左後方移動

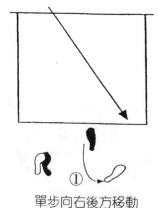

乒乓球削球

圖 3-17

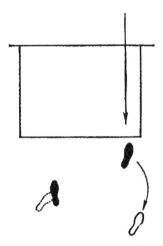

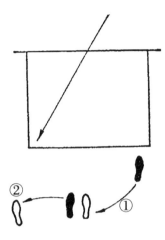

單步後退接同方向長球　　　併步（或跳步）後退接異方向長球

圖 3-18

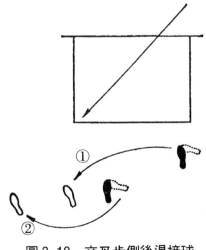

圖 3-19　交叉步側後退接球

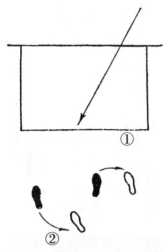

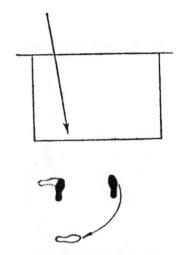

圖 3-20　跨步向右移位用反
手回接中間偏左的來球

圖 3-21　單步向左移位用正
手回接中間偏右的來球

（四）削追身球的步法（圖 3-20、21）

削追身球一般採用單步或跨步移動讓位。

1. 來球位於中間偏左的位置時，可用跨步向右移動
讓位，用反手削球回接。

2. 來球位於削球者的中間偏右位置時，可採用單步
向左移動讓位，用正手回接。

（五）側身進攻的步法（圖 3-22、23、24）

1. 單步側身：來球落在身體中間偏右的位置時，
運用單步側身讓位用正手進攻。

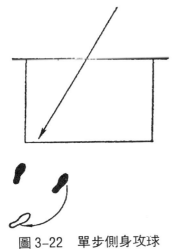

圖 3-22　單步側身攻球

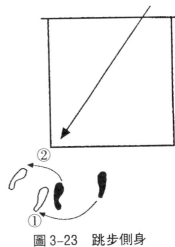

圖 3-23　跳步側身

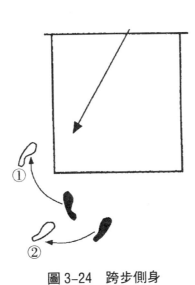

圖 3-24　跨步側身

2. 跨步側身：來球落在反手大角度，進攻者以中等力量擊球時用此步法。

3. 跳步側身：來球落在反手大角度，進攻者大力扣殺或拉衝時採用此步法。

4. 併步側身：來球落在反手大角度，進攻者側身拉衝弧圈球時採用此步法。

5. 後交叉步側身：來球落在反手大角度，進攻者主動進攻時採用此步法。

（六）進攻時從左到右及從右到左的步法（圖3-25、26、27）

1. 在中等範圍內，採用併步左右移動進行正手連續攻或拉。

2. 在大範圍內，用交叉步從左到右移動進行正手

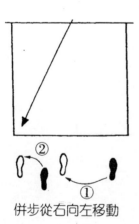

併步從右向左移動

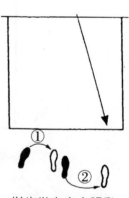

併步從左向右移動

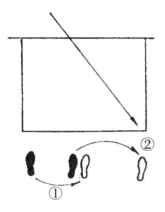

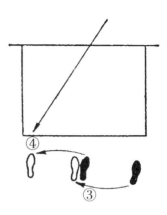

先以跳步向右移動　　　　　　再以跳步向左移動

圖 3-26

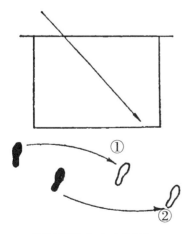

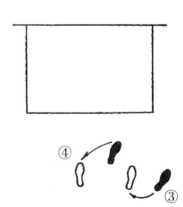

先以交叉步向右移動　　　再以跳步（或併步）調整位置

圖 3-27

攻，然後用跳步還原，調整位置。

四、步法練習應注意的問題

（一）乒乓球步法移動的基本因素，是運動員運用下肢力量作用於地面的反作用力，要獲得這種支撐反作用力，就必須加強下肢肌肉的力量，才能提高步法的移動速度。

（二）打乒乓球時，球在空中來回飛行的速度快，落點變化大，這就要求運動員必須具有快速的反應和準確的判斷，這樣才能使步法移動及時到位。

（三）要做到腳步移動快速、靈活，首先必須使運動員的兩腳具有較好的彈性，同時要注意身體重心的交換。每擊一板球身體重心都應交換一次，重心交換的關鍵技術是腰、髖、腿、腳協調一致的小範圍的前後移動，與上肢的擊球動作密切配合。

（四）在步法移動的起動階段，支撐腳除要完成蹬地外，同時還有一個向來球方向旋轉的動作，蹬地起動是支撐腳蹬與旋兩個動作緊密結合的過程。

（五）乒乓球步法移動的主要特點是側向移動較多，因此，除了掌握好起動時的蹬地力量和方法外，還要加強側向移動的側蹬練習。

（六）為了能夠迅速起動，在移動前和移動中身體重心都不能過低或過高，同時在移動中重心不能上下起伏，否則將影響步法的移動速度和擊球動作的有效性。

（七）移動後制動對連續擊球至關重要，擊球前在支撐腳蹬地起動後，移動腳落地時也要相應用力蹬地，產生的反作用力可使身體保持相對平衡。

（八）每次移位擊球後，都需要對自己的站位進行必要的調整，其目的是為了使運動員在每次擊球之前，能保持較好的準備姿勢，以便迅速移動步法在合適的擊球位置擊球，因此，養成每打完一板就適當地調整身體重心的習慣是很必要的。

第四節　基本技術

一、削球技術

（一）遠臺削球

1. 作用和特點
遠臺削球是削球運動員用於對付攻球和弧圈球的基本技術，它具有動作較大，球速慢，弧線長，擊球點低，以旋轉變化為主、配合落點變化等特點。

2. 動作要點
（1）正手遠臺削球（圖3-28、29）
觸球前：站位離臺約1公尺左右，兩腳分開，左腳稍前右腳稍後，體略右側，雙膝微屈，手臂自然彎曲，前臂向後上方引拍（略同肩高），拍形稍後仰，重心落

圖 3-28　直拍正手遠臺削球

圖 3-29　橫拍正手遠臺削球

在右腳上。

　　觸球時：在來球的下降後期，觸球中下部，前臂在上臂帶動下向下、向前、向左揮拍，身體重心移至左腳。

　　觸球後：手臂繼續向左前下方隨勢揮拍，迅速還原

圖 3-30　直拍反手遠臺削球

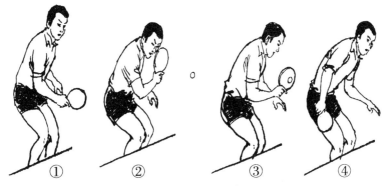

圖 3-31　橫拍反手遠臺削球

成擊球前的準備姿勢。

　（2）反手遠臺削球（圖 3-30、31）

　　觸球前：站位遠臺，兩腳分開，右腳稍前，左腳稍後，身體略向左轉，手臂自然彎曲向左後上方引拍（略同肩高），拍形後仰，重心落在左腳上。

觸球時： 在來球的下降前期觸球的中下部，前臂在上臂的帶動下向下、向前、向右揮拍，重心移至右腳。

觸球後： 手臂繼續向右前下方隨勢揮拍，迅速還原成準備姿勢。

3.練習提示

（1）向右（左）轉身讓位削球時，注意用左（右）腳前腳掌內側蹬地，髖關節、腳尖向右（左）側轉動。

（2）削球時，注意引拍位置要高於來球（略比肩高），這樣有利於向前下方摩擦擊球。

（3）由於遠臺削球站位遠，擊球點低，因此，除要加大摩擦球的力量外，還要加大向前送球的力量，發力方法是上臂帶動前臂，手腕向前下方發力。

（4）擊球後注意用小跳步或小墊步調整重心並放鬆還原。

（二）近臺削球

1.作用和特點

近臺削球是削球選手用來對付快拉上旋球的一種技術。主動使用近臺削球逼角技術，能直接得分，還能為削中反攻創造機會。它具有站位近，動作較小，擊球點較高，出手快，前衝力較強，線路、落點活等特點。

2.動作要點

（1）正手近臺削球（圖3–32、33）

觸球前： 站位近臺，屈膝收腹，左腳稍前，右腳稍

圖3-32　直拍正手近臺削球

後，身體略向右轉，重心偏右，手臂自然彎曲，前臂上
提至肩高處，拍形稍後仰或垂直。

　　觸球時：在來球的上升後期或高點期擊球的中部或
中下部，以前臂發力為主，前臂帶動手腕的左前下方，
摩擦擊球，重心移至左腳。

　　觸球後：手臂繼續向左前下方順勢揮拍，然後迅速
還原成準備姿勢。

圖 3-33　橫拍正手近臺削球

（2）反手近臺削球（圖 3-34、35）

觸球前：站位近臺，屈膝收腹，右腳稍前，左腳稍後，身體略向左轉，重心偏左，手臂自然彎曲，前臂向左後上方引拍，拍形稍後仰。

觸球時：在來球的高點期或下降前期擊球中下部，前臂帶動手腕向前下方摩擦擊球，重心移至右腳。

觸球後：手臂繼續向右前下方隨勢揮拍，然後迅速還原成準備姿勢。

3. 練習提示

（1）與遠臺削球相比，近臺削球的擊球點要高些，擊球時間要早些，發力方向除向下、向前摩擦擊球外，要加大向下切削的動作。

（2）與遠臺削球相比，近臺削球的揮拍動作幅度要小些，擊球速度要快，發力方法是以前臂和手腕為主。

（3）其他注意事項

①向右（左）轉身讓位削球時，應注意用左（右）

圖 3-34　直拍反手近臺削球

圖 3-35　橫拍反手近臺削球

腳前腳掌內側蹬地，髖關節、腳尖向右（左）側轉動。

②削球時，注意引拍位置要高於來球（略比肩高），這樣有利於向前下方摩擦球動作。

③擊球後注意用小跳步或小墊步調整重心並放鬆還原。

（三）削加轉弧圈球

1. 作用和特點

削加轉弧圈球是削球類打法的一項重要技術，它是抵禦加轉弧圈球進攻的有效手段。它具有擊球點低、動作幅度大、向下發力多、飛行弧線長、旋轉變化多的特點。

2. 動作要點

（1）正手削加轉弧圈球（圖 3-36）

觸球前：站位離臺 1 公尺外，左腳稍前，右腳稍後，轉體提臂向後上方引拍，重心落在右腳上，拍面垂直。

觸球時：在來球的下降後期，以上臂帶前臂向下前方摩擦擊球的中部或中部偏下的位置，身體重心隨揮拍動作移至左腳。

觸球後：手臂繼續向下方順勢揮拍，然後迅速還原成準備姿勢。

（2）反手削加轉弧圈球（圖 3-37）

觸球前：站位離臺 1 公尺外，右腳稍前，左腳稍

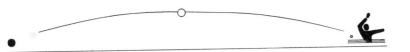

圖 3-36　橫拍正手削加轉弧圈球

圖 3-37　橫拍反手削加轉弧圈球

後，轉體提臂向左後上方引拍，身體稍向左轉，重心落在左腳上，拍形垂直。

觸球時：在來球的下降後期，以上臂帶動前臂向前下方摩擦擊球的中部或中部偏下位置，身體重心隨揮拍動作移至右腳。

觸球後：手臂繼續向下方揮拍，然後迅速還原成準備姿勢。

3. 練習提示

（1）削加轉弧圈球時，向上引拍幅度要大，這樣能

使球拍與擊球點之間有足夠距離加速，既便於自身加轉，也便於抵消來球的旋轉，一般擊球點應選在右或左腹前。

（2）手臂的發力順序是先壓後送，向下壓球的力量要大於向前的力量，擊球瞬間要控制好拍形，手腕不要後轉。

（3）擊球時，兩膝的彎曲度也要大些，可利用屈膝和彎腰來使身體重心下降，以保持動作的穩定和增大削球的力量。

（4）由於來球上旋很強，還可使用避轉的方法來避開來球的強轉區，即儘可能使球拍觸及來球靠近旋轉軸的部位。

（四）削前衝弧圈球

1. 作用和特點

削前衝弧圈球是削球打法的一項重要技術，也是抵禦前衝弧圈球凶狠進攻的有效手段。它具有擊球時間較晚、動作幅度大、回球速度快等特點。

2. 動作要點

（1）正手削前衝弧圈球（圖 3-38）

觸球前：離臺 1 公尺以外，收腹屈膝，左腳稍前，右腳稍後，向右轉體提臂，前臂自然彎曲並外提，將球拍引至身體的右後上方，拍形垂直或稍後仰，重心落在右腳上。

圖 3-38　橫拍正手削前衝弧圈球

觸球時：在來球的下降前期，上臂帶動前臂向前迎球，擊球中部或中部偏下位置向下前方摩擦擊球，身體重心隨揮拍動作移至左腳。

觸球後：手臂繼續向下順勢揮拍，然後用小跳步放鬆還原成準備姿勢。

（2）反手削前衝弧圈球（圖 3-39）

觸球前：離臺 1 公尺以外，收腹屈膝，右腳稍前，左腳稍後，向左轉體提臂，前臂自然彎曲並內旋，向左

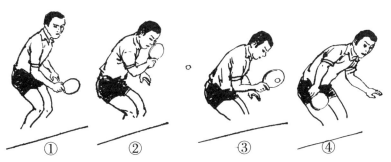

圖 3-39　橫拍反手削前衝弧圈球

後上方引拍，拍形垂直或稍後仰，重心落在兩腳間。

觸球時：在來球的下降前期，上臂帶動前臂擊球的中部或中下部向前下方用力摩擦擊球，身體重心隨揮拍動作移至右腳。

觸球後：手臂繼續向下順勢揮動，然後用小跳步還原成準備姿勢。

3. 練習提示

（1）削前衝弧圈球時，選位的移動速度要快並保持身體重心的穩定。

（2）擊球時應向上引拍，整個手臂迎準來球的方向，從上向下用力壓球，手腕相對固定。

（3）發力方法除以前臂、手腕發力為主外，還要注意巧用來球的前進力和腰、膝的力量輔助發力，避免「球撞拍」的現象。

（五）削突擊球

1. 作用和特點

削接突擊球是削球打法必須掌握的一項重要技術，也是有效控制對方連續進攻的重要手段，俗稱「頂重板」。由於來球速度快、力量重、突然性強，因此，它具有回球難度大、左右讓位快、揮拍動作小、借力回擊多的特點。

2. 動作要點

（1）正手削突擊球

觸球前：根據來球迅速後退選位，收腹含胸，左腳稍前，腰、髖右轉，前臂外旋向上引拍至身體右前上方，拍形接近垂直，重心移至右腳。

觸球時：拍形垂直或稍後仰，在來球的下降前期，上臂帶動前臂從上向左前下方摩擦擊球中部或中下部，身體重心隨動作向前下方移動。

觸球後：手臂繼續向前下方順勢揮拍，身體重心移至左腳，然後迅速放鬆成準備姿勢，準備回擊下一板球。

（2）反手削突擊球（圖3-40）

觸球前：根據來球迅速後退選位，右腳稍前，腰、髖左轉，手臂自然彎曲，前臂內旋，引拍至身體左前上方。

①　　②　　③　　④

圖3-40　橫拍反手削突擊球

觸球時：上臂帶動前臂向右前下方摩擦擊球，重心前移。

　　觸球後：順勢揮拍，身體重心移至右腳，然後迅速放鬆成準備姿勢，準備回擊下一板球。

　　3. 練習提示

　　（1）判斷要準確，反應要快，要根據來球，迅速移動到合適的擊球位置，一般可用單步或跳步來進行移位。

　　（2）整個動作發力順序應是先壓後送，下壓多於前送，並要求注意借助來球的反彈力回擊。

　　（3）來球速度快，站位離臺近，則手臂向下用力要大；在來球速度快、站位離臺遠、擊球點又低的情況下，要適當增加向前的力量，以調整回球的弧線。

（六）削追身球

　　1. 作用和特點

　　削追身球是削球技術中難度較大的一項技術。由於來球追身體，常會因身體的阻礙而影響手臂的活動。因此，削追身球技術具有判斷準確、移動快速、讓位及時、出手快、落點活的特點。

　　2. 動作要點

　　（1）正手削追身球（圖 3-41）

　　觸球前：當來球在身體正中或中間偏右時，迅速向左方讓位，用正手回擊，右腳後撤，彎腰收腹向右後轉

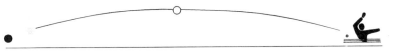

圖 3-41　橫拍正手削追身球

髖，上臂靠近身體，前臂稍外旋向右上方引拍，拍面豎立，重心偏左。

觸球時：當來球逼近身前時，上臂帶動前臂從上向下用力，在來球的下降前期擊球中部或中下部，控制回球的弧線，前臂和手腕向前下方摩擦擊球。

觸球後：手臂繼續向下順勢揮拍，然後放鬆還原成準備姿勢。

（2）反手削追身球（圖 3-42）

觸球前：當來球落到身體中間或中間略偏左時，迅速向右讓位用反手削回接，左腳後撤，彎腰收腹向左後轉髖，引拍時上臂靠近身體，前臂稍內旋向左上方提起，拍面豎立，以便於迅速壓球。身體重心偏右。

觸球時：拍形豎立，下降前期擊球中部或中下部，前臂帶動手腕向下用力摩擦擊球。

觸球後：手臂繼續向下順勢揮拍。然後迅速還原，準備回擊下一板球。

① ② ③ ④

圖 3-42　橫拍反手削追身球

3. 練習提示

（1）削追身球時，首先要迅速判明來球的位置，是偏於身體左邊還是右邊，然後決定讓位的方位。

（2）讓位時，步法移動要迅速，儘可能使擊球點離身體遠些。

（3）當對方來球速度快、直衝中路、來不及移步讓位時，可提拍上舉迅速出手擊球，同時收腹含胸，提髖甚至雙足騰起，借助身體自然下落的力量，輔助手臂向下用力壓低弧線將球削出。

（4）向右方讓位用反手削追身球時，拍觸球的瞬間，上臂以肘為軸外旋帶動前臂由左向右擺動，這是擊球到對方左角的方法。如上臂不做外旋轉動，而把肘部略抬起，同時手腕微後屈，使拍面微向左方偏斜，這是擊球到對方右角的方法。

（5）向左方讓位正手削追身球時，在拍觸球的瞬間，上臂微內旋結合手腕微內屈，這是回球到對方右角

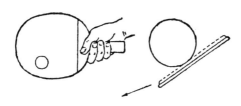

①正手削加轉球

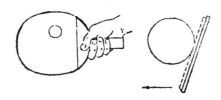

②正手削不轉球

圖 3-43

的方法。如拍觸球的瞬間，上臂不做內旋，而手腕略外展，拍面稍向右偏斜，則是回球到對方左角的方法。

（6）正、反手削追身球時，發力主要部位是以前臂和手腕為主，發力方向應從上向下用力。

（七）削加轉球與不轉球（圖 3-43）

1. 作用和特點

削加轉球與不轉球技術是用相似的動作削出旋轉差別較大的加轉球與不轉球，是削攻型打法爭取主動的重要技術，它具有動作相似、旋轉變化大的特點。

2. 動作要點

（1）削加轉球

正手削加轉球：拍形後仰，用球拍的左側偏下部位擊球，觸球的中下部，前臂帶動手腕，用力向前下方摩擦擊球。

反手削加轉球：拍形後仰，用球拍的右側偏下部擊球，觸球的中下部，前臂帶動手腕，用力向前下方摩擦擊球。

（2）削不轉球

正手削不轉球：拍形稍後仰或垂直，用球拍的右側上部位擊球，觸球的中部或中部偏下位置，向前並稍向下推送。

反手削不轉球：拍形稍後仰或垂直，用球拍的左側偏上部位擊球，觸球的中部或中部偏下位置，向前並稍向下推送。

3. 練習提示

（1）削加轉球與不轉球時，在拍觸球時應注意區別觸拍部位，擊球部位和用力方向。

（2）削不轉球時，手腕要相對固定，削加轉球時，手腕要配合前臂發力摩擦擊球。

（八）撲接近網短球

1. 作用和特點

撲接近網短球是削球打法的一項重要技術。撲接近

網短球質量的好壞對於削球打法能否變被動為主動是一個重要環節。撲接近網短球技術具有反應快、步法移動靈活、動作幅度小、控球能力強的特點。

2. 動作要點

觸球前：撲接近網短球時，如離臺較近，可用單步向前跨一大步或用跳步去回接，左腳蹬地，右腳向前跨步，重心落在右腳上。如離臺較遠，就要用交叉步上前去接球，當身體靠近球臺時，要注意用右腳前腳掌撐地，以屈膝控制向前的衝力，保持身體重心的穩定性。準備擊球時，手臂要伸進臺內，動作要柔和，身體重心要及時跟上。

觸球時：一種方法是以短制短，用輕搓回擊時拍形後仰，在下降前期擊球中下部，向下前方摩擦擊球，特別在拍觸球時，球拍要停止前進，利用來球的反彈力，將球輕輕地回到對方近網處；或用擺短回擊時，拍形稍後仰，用上臂控制前臂，身體重心前迎，在來球的上升期給球一個向下的合力，將球回到對方球臺的近網處。

另一種方法是以長制短，用搓底線長球回擊時，拍形後仰，下降期擊球中下部向前下方摩擦擊球，在手臂前伸的同時，手腕輔助用力摩擦擊球，將球回到對方底線長球；或用劈長回擊，拍形稍後仰，引拍位置要高於球，在來球的上升期後期或高點期，摩擦擊球的中下部向前下方砍擊，將球回到對方球臺的底線；或用快撥、快點、快拉回擊。

觸球後：右腳前腳掌向後用力蹬地，用小跳步移動使身體還原成準備姿勢。

3. 練習提示

（1）撲接近網短球時，應根據運動員站位的遠近來調整位置。離臺近，用單步或跳步移動；離臺遠，用交叉步移動。

（2）用以短制短的方法回接時，為避免回球出高球，除了要減少拍面後仰角度外，還可用手臂向下用力的方法去控制回球的高度。

（3）用進攻手段撲接近網短球時，上步要注意身體與擊球點不能在一條直線上，如用正手快攻、快點，擊球點應選在身體的右前方；反手攻、撥，擊球點應選在身體左前方。

二、搓球技術

（一）慢　搓

1. 作用和特點

慢搓是對付下旋來球的一種技術，也是初學削球必須掌握的入門技術。它具有擊球時間晚、回球速度慢、有利於增大搓球旋轉的特點。

2. 動作要點

（1）正手慢搓（圖3-44）

觸球前：站位近臺，兩腳分開，左腳稍前，腰、髖

① ② ③ ④

圖 3-44　直拍正手慢搓

略向右轉，向右上肩部引拍，前臂上提，重心落在右腳上。

觸球時：拍形後仰，在來球的下降期觸球的中下部，以前臂略外旋帶動手腕向左前下方摩擦擊球。

觸球後：前臂帶動手腕向前下方順勢揮拍後，放鬆還原，身體重心位於兩腳間，準備回擊下一板球。

（2）反手慢搓（圖 3-45、46）

觸球前：兩腳平行或左腳稍前，上臂靠近身體，前臂向左後上方引拍，拍形稍後仰。

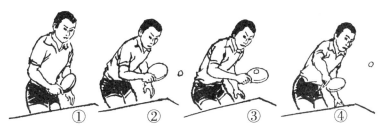

① ② ③ ④

圖 3-45　橫拍反手慢搓

圖 3-46　直拍反手慢搓

觸球時：在來球的下降期擊球的中下部，前臂略內旋，拇指壓拍，前臂帶動手腕向右前下方摩擦球。

觸球後：前臂帶動手腕向前下方順勢揮拍後，放鬆還原，準備回擊下一板來球。

3. 練習提示

（1）要根據來球的旋轉不同，適當調節拍形角度，觸球部位和發力方向。如來球下旋強，前進力小時，可搓球的中下偏底部，並多向前發力；如來球下旋弱，前進力大時，可搓球的中下偏中部，並多向下發力。

（2）要根據來球弧線的高低，調節拍形角度，觸球部位和發力方向。如來球弧線較高，拍可稍豎些，擊球中下部，多向下發力；如來球弧線較低，拍形可稍後仰些，擊球中下部，向前下方發力摩擦的同時多往前送一些。

（3）搓球時前臂和手腕動作要協調一致，二者發力不能脫節。

（4）初學者開始練習慢搓時，應少用手腕動作以前臂動作發力為主，然後再慢慢增加手腕力量。

（二）快搓

1. 作用和特點

快搓主要是對付對方發或削過來的下旋球的一項過渡技術。它具有動作小、回球速度快、擊球時間早、節奏變化大的特點。

2. 動作要點

（1）正手快搓（圖 3-47、48）

觸球前：身體離臺 40 公分，左腳稍前，右腳稍後，移動時左腳蹬地，右腳上步，身體重心隨即跟上，重心落在右腳上，前臂外旋稍向右前上引拍，拍形稍後仰。

圖 3-47　直拍正手快搓

圖 3-48　橫拍正手快搓

觸球時：上升期，擊球中下部，借助對方來球，前臂帶動手腕向左前下方，摩擦擊球。

　　觸球後：手臂繼續向前下方順勢揮拍，右腳用力向後蹬，用小跳步迅速還原成準備姿勢。

　　（2）反手快搓（圖3-49、50）

　　觸球前：身體離臺40公分，右（左）腳前移，身體重心隨即跟上，重心落在右（左）腳上，前臂稍內旋，向左前上引拍，拍形稍後仰。

　　觸球時：上升期擊球中下部，借助對方來球的前進力，前臂帶動手腕向前下方摩擦擊球。

　　觸球後：手臂繼續向前下方揮拍，右（左）腳用力

圖3-49　直拍反手快搓

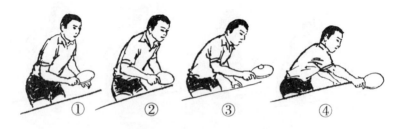

圖3-50　橫拍反手快搓

向後蹬地，用小跳步迅速還原成準備姿勢。

3. 練習提示

（1）快搓時由於擊球時間早，節奏快，所以應加強對來球的判斷，以便手臂的迅速前伸做迎球動作。

（2）擊球後除了注意做全身的放鬆還原動作，還應注意手指用力後的放鬆還原動作，尤其反手快搓後拇指要放鬆。

（三）擺　短（圖3-51）

1. 作用和特點

主要是用來對付近網下旋球的一種技術。擺短與快點、快搓等技術結合，能有效地抑制對方的攻勢，並為自己進攻創造有利條件。它具有動作小、回球快、落點短、弧線低的特點。

圖 3-51　直拍正反手擺短球

2. 動作要點

觸球前：站位近臺，身體迎前，上臂帶動手臂前伸迎球。

觸球時：拍形稍後仰，上升前期擊球的中下部或底部向下前方摩擦擊球，當拍將觸球時，手臂要停止前伸，並利用來球碰拍後的反彈力向下用力進行回擊。

觸球後：放鬆還原成準備姿勢。

3. 練習提示

（1）擺短時，應注意手臂前伸及時迎球，身體重心前迎。

（2）在來球跳起的上升期要給球一個向下的合力，手臂向下用力多於向前用力。

（3）擺短技術和快點、快搓技術的有機結合，才能取得好效果，對付長球或不轉球使用擺短技術有一定難度。

（四）劈　長

1. 技術特點和作用

是對付下旋球的一項凶狠性搓球技術，它與擺短配合能達到調動對方，抑制對方攻勢的目的。它具有速度快、弧線低、下旋力強的特點。

2. 動作要點

觸球前：動作要點同一般搓球，但引拍位置要高於球。

觸球時：拍形稍後仰，在來球的上升後期或高點期，摩擦擊球的中下部，前臂帶動手腕向前下方砍擊。

觸球後：順勢揮拍後放鬆還原。

3. 練習提示

（1）劈長時，引拍位置一定要稍高於球，動作幅度要比擺短大些。

（2）擊球時發力要集中。

（五）搓側旋球

1. 作用和特點

搓側旋球是對付下旋球的一種技術，由於回擊過去的球向側偏拐，增加了對方回球的難度，有利於抑制對方的攻勢，為自己進攻創造條件。它具有旋轉變化大、落點活、球在對方觸拍後向側反彈的特點。

2. 動作要點

（1）正手搓側旋球（圖 3–52、53）

觸球前：站位離臺50公分，左腳稍前，引拍時身

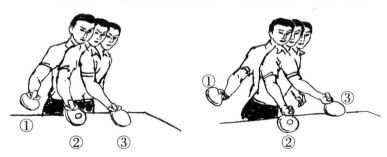

圖 3–52　直拍正手搓左側旋球　圖 3–53　橫拍正手搓左側旋轉

第三章　削球打法的技術

體稍向右轉，前臂外旋並自然彎曲，稍向右側上引拍，橫拍手腕稍外展，直拍手腕做伸的動作。

觸球時：擊來球的高點期或下降前期，觸球的中下部，前臂帶動手腕由右向左側前發力摩擦，重心由右腳移至左腳。

觸球後：前臂帶動手腕，順勢揮拍，然後放鬆還原成準備姿勢。

（2）反手搓側旋球（圖3-54、55）

觸球前：右腳稍前，引拍時身體稍向左轉，前臂往內旋，向左側上引拍，拇指壓拍，拍形稍後仰，橫拍手腕稍內收，直拍手腕稍屈。

觸球時：在來球的高點期或下降前期，摩擦擊球的中下部，前臂帶動手腕由左向右側前方發力摩擦，重心由左腳移至右腳。

觸球後：前臂帶動手腕順勢揮拍後放鬆，還原成準備姿勢。

圖3-54　直拍反手搓右側旋球　圖3-55　橫拍反手搓右側旋球

3. 練習提示

（1）搓左右側旋球的主要發力部位是以整個手臂為主，手腕配合。

（2）在觸球瞬間（正反手搓側旋），應注意做好前臂的外（內）旋、手腕伸（屈）或手腕外屈（內收）的動作，以利於摩擦擊球左（右）側面。

（3）在正反手搓左右側旋的整個動作過程中，除要注意身體重心的交換外，還應注意腰、髖關節右後（左後）讓位的動作，這樣才能使動作更加協調。

（六）搓轉與不轉球（圖3-56）

1. 作用和特點

搓轉與不轉球技術是對付下旋球和組成搓攻戰術的主要技術，藉由相似的手法打旋轉變化，迷惑對方，為主動進攻創造條件或直接得分。它具有動作相似、旋轉變化大、隱蔽性好的特點。

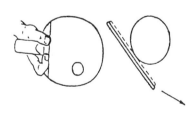
①反手搓加轉球

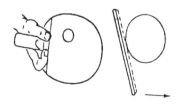
②反手搓不轉球

圖 3-56

2. 動作要點

搓加轉球與不轉球動作的區別主要在於觸球一瞬間的觸拍部位、擊球部位、用力方向以及作用力線遠離球心還是接近球心。

（1）搓加轉球

向後上方加大引拍距離，加大拍後仰的角度，加快揮拍擊球的速度，用球拍的左側偏下部位，摩擦擊球的中下部，向前下方用力摩擦擊球，擊球時的作用力線要遠離球心（其他方面的動作同一般搓球）。

（2）搓不轉球

拍形稍後仰，用球拍右側偏下部位，摩擦擊球的中部偏下位置，向前推送球，擊球時的作用力線要接近球心（其他動作同一般搓球）。

3. 練習提示

（1）搓加轉球時除了注意擊球的作用力線要遠離球心外，觸球時要加大手臂摩擦擊球的力量，觸球瞬間手腕要發力摩擦擊球。

（2）搓不轉球除了注意擊球的作用力線要接近球心外，觸球時手腕要相對固定，向前推送球。

三、攻球、弧圈球技術

(一) 正手快點 (圖 3–57、58)

1. 作用和特點

正手快點是削球選手撲接對手放近網短球的重要技術。它具有站位近、出手快、突然性強的特點。

2. 動作要點

觸球前: 離臺 30 公分左右,手臂自然彎曲於身前,左腳前腳掌用力向前蹬地,重心隨即跟上,落在右腳上,身體貼近球臺的同時,前臂伸入臺內。

觸球時: 點上旋時,拍形稍前傾,拇指壓拍,食指放鬆,高點期擊球的中上部,前臂帶動手腕,以手腕發力為主,向前發力。點下旋時,拍形稍後仰,擊球的中下部,以前臂帶動手腕,以手腕發力為主,向上發力多於向前發力。

觸球後: 手臂順勢揮拍,右腳前腳掌內側用力向後

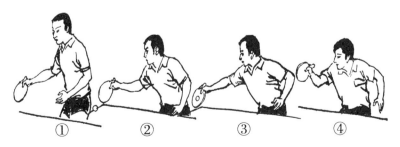

① ② ③ ④

圖 3–57 直拍正手快點球

圖3-58　橫拍正手快點球

蹬地，用小跳步還原成準備姿勢，準備打下一板球。

3. 練習提示

（1）根據來球的旋轉性能和落點，調節拍形角度以製造合適弧線。

（2）當上身貼近球臺，手臂伸入臺內時，注意身體重心要及時跟上。這樣動作協調緊湊，有利於提高命中率。

（二）正手拉加轉弧圈球（圖3-59、60）

1. 作用和特點

正手拉加轉弧圈球是對付搓球、削球和接出臺下旋球的重要技術。它具有飛行弧線高、速度慢、上旋強、第一弧線高、第二弧線低、落臺後下滑速度較快的特點。

圖 3-59 橫拍正手拉加轉弧圈球

圖 3-60 直拍正手拉加轉弧圈球

117

2. 動作要點

觸球前：左腳在前，右腳在後，身體向右後轉體，右肩略低於左肩，腹部略收縮，手臂自然下垂，稍向右後方引拍，板面稍前傾，腰、髖向右轉，身體重心落在右腳上。

觸球時：右腳蹬地，轉體，以腰帶動肩部、上臂、前臂、手腕在來球的下降前期，摩擦擊球的中部或中上部，向上、前方發力摩擦擊球，身體重心隨之轉至左腳。

觸球後：順勢揮拍後，左腳前腳掌內旋蹬地，小墊步調整重心，還原準備擊下一板球。

3. 練習提示

（1）每次擊球應找準擊球點，擊球點應保持在右腰前方，這樣有利於集中發力和動作的穩定性。

（2）拉加轉弧圈球的發力方向應向上多於向前。

（3）在觸球時，動作要達到最高速度。最後加速是以前臂和手腕為主，尤其是手腕在最後的瞬間發揮了很大的擦擊力。

（三）正手拉前衝弧圈球（圖 3-61、62）

1. 作用和特點

前衝弧圈球是對付發球、推擋、搓球及中等力量拱球的有力手段。是削球選手力爭主動的重要技術之一。它具有一定上旋、飛行弧線低、速度快、前衝力大、球

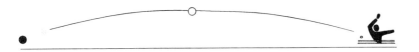

圖 3-61　直拍正手拉前衝弧圈球

圖 3-62　橫拍正手拉前衝弧圈球

著臺後前衝並急劇下沉的特點。

2.動作要點

　　觸球前：準備動作與拉加轉弧圈球相似，站位左腳稍前，右腳稍後，兩膝微屈，腰、髖向右轉動，引拍至腰部側後方，手臂內旋，拍面前傾角度大些，身體重心移至右腳。

　　觸球時：當來球跳至高點期或下降期時，右腳蹬地，重心前移，腰、髖向前左轉動，上臂帶動前臂摩擦球的中上部，向前上方揮拍。

　　觸球後：手臂繼續向前上方順勢揮拍，重心落在左腳後迅速還原成擊球前的準備姿勢。

3.練習提示

（1）拉前衝弧圈球的引拍位置要比拉加轉弧圈球稍高，比快攻稍低。

（2）與拉加轉弧圈球相比，拉前衝弧圈球的發力方向是向前多於向上，拍形前傾角度要大些，擊球部位靠中上部。擊球時間也略早，在高點期或下降前期擊球。

（3）拉前衝弧圈球發力方法與拉加轉弧圈球技術的方法基本相似，但要注意在拍觸球的瞬間，要利用手指的力量（直拍握法可用中指在拍後頂一下，橫拍握法可用食指在拍後頂一下），這樣拉出的球速度快、落點好。

（四）中遠臺拉球

1.作用和特點

中遠臺拉球是削球運動員防禦反攻的常用技術，它具有站位遠、力量重、動作幅度大的特點。

2.動作要點

觸球前： 站位左腳在前右腳在後，兩膝微屈，引拍時身體略向右些，拉開上臂，前臂自然彎曲，引拍至身體右後方，重心落在右腳上。

觸球時： 拍形垂直或稍前傾。在來球高點期或下降前期，觸球中上部或中部，以上臂發力為主，帶動前臂與手腕，快速向前上方揮拍摩擦擊球，同時充分利用右腳蹬地，腰、髖向前左轉動配合發力，身體重心由右腳

移至左腳上。

觸球後：順勢揮拍後，左腳前掌內側蹬地，使身體放鬆，重心還原成準備姿勢。

3.練習提示

因站位遠臺，要適當加大揮拍幅度，使上臂與前臂、手腕協調配合發力，同時要充分利用腰、髖、腿的力量。

（五）反手拉弧圈球（圖3-63、64）

1.作用和特點

反手弧圈球一般用來對付左半臺的下旋球和旋轉不

① ② ③

④ ⑤ ⑥

圖3-63　橫拍反手拉加轉弧圈球

①　　　②　　　③　　　④　　　⑤　　　⑥

圖 3-64　橫拍反手拉前衝弧圈球

強的上旋球，是削球選手力爭主動的重要技術。它的特
點和正手弧圈球相似。

2. 動作要點

觸球前：兩腳平行或左腳稍後，準備擊球時，兩膝
微屈，執拍手的肩部向前下沉，腹內收，肘關節略向
前，前臂下沉，腕關節放鬆，並向內屈腕，拍面前傾，
身體重心落在兩腿上。

觸球時：在球的上升期、高點期或下降前期，觸球
的中上部，以肘關節為軸，前臂帶動手腕向前上方揮拍
擊球的中部或中上部，同時兩腿要向上蹬伸輔以發力。

觸球後：順勢揮拍至頭部偏右側，然後放鬆還原成
準備姿勢。

3. 練習提示

（1）反手拉弧圈球的發力過程，應重視身體快速迎
前擊球的動作和兩腳蹬地，上身向上抬起的動作，加強
手臂、腰、髖、腿的協調發力。

（2）反手拉加轉弧圈球時，上身稍前傾，前臂帶動
手腕以向右上方發力為主、向前發力為輔。而拉前衝弧
圈球時，上身前傾較大，拍形前傾角度明顯。前臂帶動
手腕向右前方發力較多，這樣有助於壓低擊球弧線。

（六）突擊下旋球（圖3-65、66）

1. 作用和特點

突擊下旋球或削中上前撲打下旋球技術是削球選手
在發球搶攻、搓攻中的一種進攻技術。它具有動作小、

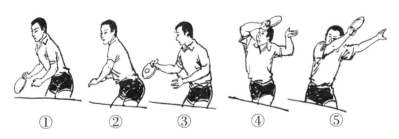

① ② ③ ④ ⑤

圖 3-65　直拍正手突擊下旋球

① ② ③ ④

圖 3-66　橫拍正手突擊下旋球

球速快、突擊性強、有一定力量的特點。

2. 動作特點

（1）正手突擊

觸球前：站位近臺，左腳稍前，右腳稍後，向右轉體讓位，前臂橫向引拍至身體右前方，重心落在右腳上。

觸球時：當來球比網稍高時進行突擊，觸球時拍面垂直或稍後仰，在來球的上升後期或高點期擊球的中部或中下部，上臂帶動前臂加速向前上方揮拍，摩擦擊球。

觸球後：球擊出後，迅速放鬆還原，準備下一次擊球。

（2）反手突擊

擊球前：站位近臺，兩腳平行或右腳稍前，上臂和肘關節隨身體向左轉體，右肩略前，前臂向左下方引拍。

觸球時：拍形垂直或稍後仰，上升後期或高點期擊球的中部或中下部，以肘關節為軸，前臂發力為主，手腕為輔，向右前上方揮拍擊球。

觸球後：順勢揮拍並立即放鬆還原，準備回擊下一板球。

3. 練習提示

（1）正手突擊時，注意引拍時手臂肌肉要放鬆，揮拍擊球時，前臂動作要加速，球拍觸球時要有爆發力，

並借助一定的腰、腿部的力量。

（2）來球下旋較強，擊球中下部摩擦時間可長些，來球下旋較弱或是一般下旋球時擊球中部，摩擦時間可短些。

（3）突擊時的擊球力量一般掌握在 50%～70%，來球較低，旋轉較強時可用 50%左右的力量，來球較高可加大擊球力量。

四、撥、帶等技術

（一）反手快撥（圖3-67）

1. 作用和特點

反手快撥技術是削球選手在反手近臺相持或防禦的轉攻技術，它具有動作小、速度快、落點變化靈活的特點。

2. 動作要點

觸球前：站位近臺，兩腳平行或右腳稍前，上臂自

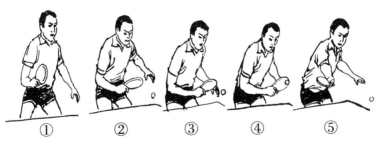

①　　　②　　　③　　　④　　　⑤

圖 3-67　橫拍反手快撥球

然靠近身體，肘關節彎曲，稍向左轉身，前臂略向上體左下方引拍，拍面稍前傾。

觸球時：前臂迅速揮動，向前迎球，上升期擊球的中上部，以前臂發力為主，向前揮拍擊球。

觸球後：球拍隨勢前送後迅速放鬆還原，準備擊下一板來球。

3. 練習提示

（1）要根據來球落點的長短調節引拍距離（約30公分），球拍與來球距離太近會影響發力。

（2）擊球時，手腕要控制好拍面的角度，而且擊球前拍面要相對穩定，這樣有利於擊球命中率的提高。

（二）快帶技術

1. 作用和特點

快帶技術是削球選手在近臺對付弧圈球的重要技術。它具有站位近臺、擊球時間早、動作小、弧線低、借力還擊的特點。

2. 動作要點

（1）正手快帶（圖3-68、69）

觸球前：站位近臺，左腳稍前，右腳稍後，膝微屈，腰部稍向右轉動，身體重心偏右，手臂自然彎曲，拍形前傾於身體的右前方，手腕相對固定。

觸球時：前臂向前迎球，在來球的上升期擊球的中上部，利用來球的力量，借助腰、髖向左轉動，將球帶

圖 3-68　直拍正手快帶球

①　　　　②　　　　③　　　　④

圖 3-69　橫拍正手快帶球

出，身體重心由右腳移至左腳。

　　觸球後：擊球後迅速放鬆還原，準備回擊下一板球。

　　（2）反手快帶（圖 3-70）

　　觸球前：兩腳平行或右腳稍前，身體正對球臺，前臂外旋，拍形前傾，手腕固定，引拍至身體的左前方。

圖 3-70 横拍反手快帶球

觸球時：前臂迅速伸入臺內迎球，在上升期擊球的中上部，腰、髖稍向右轉動，前臂帶動手腕將球向前帶出，身體重心由兩腳間移到右腳。

觸球後：身體重心迅速還原，準備回擊下一板球。

3. 練習提示

（1）站位要近臺，動作要小，不要向後引拍，引拍位置要高於擊球點。

（2）擊球時，主動向前迎球，手腕要相對固定，控制拍面的角度。

（三）放高球

1. 作用和特點

放高球是利用回球高度來爭取時間，造成對方回球困難或失誤，因此它是削球選手防禦時所採用的一種手段。它具有站位遠、高弧線、有一定上旋的特點。

2. 動作要點

觸球前：站位離臺較遠，左腳稍前（正手放高球）或右腳稍前（反手放高球），手臂自然彎曲，前臂稍下沉，引拍至身體右後或左後下方，拍形稍前傾。

　　觸球時：手臂和手腕向前上方迎球，下降後期擊球的中上部，前臂用力向上前方摩擦擊球。

　　觸球後：手臂和手腕繼續向上前方隨勢揮動，然後迅速還原成準備姿勢。

　　3. 練習提示

　　放高球的發力方向是以向上發力摩擦擊球為主，在整個動作過程中，身體重心穩定，腰、髖、腿配合控制手上動作的發力。

五、發球技術

（一）下蹲發球

　　1. 作用和特點

　　下蹲發球屬於上手類發球，它能使橫拍較好地發揮前臂和手腕的靈活性。下蹲發球的旋轉性能與下手類的發球有所不同，因而在比賽的關鍵時刻運用下蹲發球，常會使對手不適應而回出高球，甚至失誤。下蹲發球是橫拍削球手常用的發球，它具有突然性強、旋轉變化多、處於下蹲姿勢等特點。

　　2. 動作要點

　　（1）下蹲發右側上旋和右側下旋球（圖 3-71、

圖 3-71　橫拍下蹲式發右側上旋球

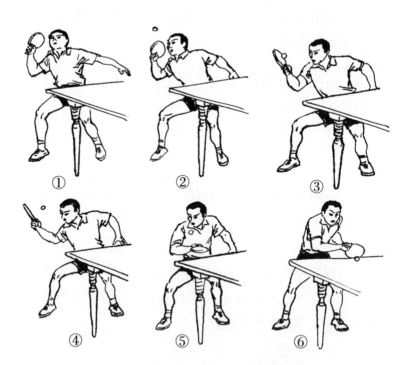

圖 3-72　橫拍下蹲式發右側下旋球

乒乓球削球

130

① ② ③ ④ ⑤

圖3-73 直拍下蹲式發右側上旋球

72、73）

　　左腳稍前，右腳稍後，身體略向右方偏斜。持球手輕輕將球向後上方拋起，持拍手將拍上提至肩部，手腕放鬆以便擊球時使用腕力。拋球後，兩膝彎曲成深蹲狀，當球下降到與頭部等高時擊球。

　　下蹲發右側上旋球時，持拍手迅速由左向右揮擺，球拍觸球的左中部並向右側上部摩擦，使球具有一定的右側上旋，越網後向對方的左邊偏斜前進。

　　發右側下旋球時，持拍手自左向右揮擺的速度要快些，拍面從球的正中部向右側下部摩擦，球便具有一定的右側下旋，越網後向對方左邊偏斜前進。

　　（2）下蹲發左側上旋和左側下旋球（圖3-74）

　　站位較平，身體正對球臺。持球手將球向後上方拋起，持拍手向右下方引拍，手腕放鬆以便擊球時使用腕力。拋球後，兩膝彎曲成深蹲狀，當球下降到約與頭部等高時擊球。下蹲發左側上旋時，持拍手由右後方向左

圖 3-74　橫拍下蹲式發左側上旋球

前方揮擺，拍面觸球右中部並向左上方摩擦，使球具有一定的左側上旋，越網後向對方的右邊偏斜前進。發左側下旋球時，持拍手自右向左揮擺的速度要快些，拍面從球的正中部向左側下部摩擦，球便具有一定的左側下旋，越網後向對方右邊偏斜前進。

3. 練習提示

（1）多做拋球與揮拍擊球模仿練習，掌握好擊球點。一般是待球下降至網高時擊球。

（2）練習前應重視下肢特別是膝關節的準備活動，防止受傷。

（3）擊球後要迅速伸膝還原，準備擊下一板球。

（二）反手發球

1. 作用和特點

反手發球站位一般在左半臺，身體與球臺的距離約

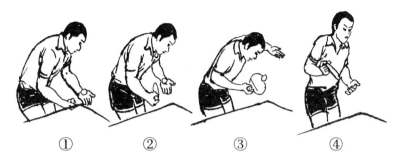

圖 3-75　反手發下旋短球

30公分。反手發球能比較全面地照顧整個球臺，也便於正反手兩面搶攻。是削球選手常用的發球。

2. 動作要點

（1）反手發下旋短球（圖3-75）

兩腳開立，右腳稍前，左腳稍後，身體略微向左偏斜。持球手手掌伸平，手掌位置要置於端線之外和邊線延長線之內，並略高於臺面。拋球後手臂先向左後上方引拍，當球下降至比網稍高時，前臂向前下方輕微用力送出，拍面後仰，觸球中下部並向底部摩擦。球離拍後，第一跳要在中臺彈起才能越網落到對方近網處。

（2）反手發右側上、下旋球（圖3-76、77、78、79）

準備姿勢同上，持球手將球拋起後，持拍手向左後上方引拍。引拍時拍面稍後仰，手腕適當內屈，拍柄朝下，以便於手腕用力。發右側下旋球時，持拍手由左後上方向右前下方揮擺，觸球時拍面從球的左中下部向右

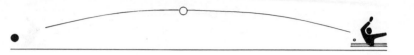

圖 3-76　直拍反手發右側上旋球

圖 3-77　直拍反手發右側下旋球

圖 3-78　橫拍反手發右側上旋球

① ② ③ ④ ⑤

圖3-79　橫拍反手發右側下旋球

側下部摩擦；發右側上旋球時，持拍手由左方經身前向右上方揮擺，觸球時拍面從球的左中下部向右側上摩擦。如發長球，第一跳要在球臺端線附近；如發短球，第一跳要在中臺彈起才能落到對方近網的地方。

（3）反手發轉與不轉球

站位同上，球拍觸球時拍面後仰角度大，擊球的中下偏低部，向前下方發力摩擦為加轉發球；觸球時拍面稍後仰或垂直，擊球的中部或中部偏下的部位，向前下方將球推送出為不轉球。

3. 練習提示

（1）反手發球的基本站位應注意右腳稍前，上身稍向左轉體，左肩略高於右肩，身體重心落在右腳上。這樣站位便於發球時運用轉體動作。

（2）發球過程中除了注意應用前臂和手腕擊球的爆發力外，還應注意腰和臂力協調配合，這樣有利於增大發球速度和力量。

（3）擊球後注意左腳隨身體的轉腰動作向前跟半步，及時還原成準備姿勢。

（三）正手發球

1. 作用和特點

正手發球可分為正手位發球和側身位正手發球。當對方正手位較弱時，運動員常會在正手位發球到他的右方，如對方反手位較弱時，運動員則往往會在反手位採用側身正手發球到對方的反手。正手發球是削球打法發球搶攻的常用技術。

2. 動作要點

（1）正手發下旋加轉和不轉球（圖3-80、81）

站位左腳在前，右腳在後，身體略微向右偏斜，兩膝微屈，上體稍前傾；持球手自然放在身前，持拍手置於持球手的後面，持球手將球拋起後，持拍手向後上方引拍，拍呈橫狀並略微前傾。發加轉球時，手臂由後上方向前下方揮擺，前臂做旋外的轉動要快些，使拍面後

圖3-80　直拍正手發轉球

①　　　　②　　　　③　　　　④　　　　⑤

圖3-81　直拍正手發不轉球

仰的角度大些。要用球拍下部靠左的地方去摩擦球的底
部。發不轉球時，手臂由後上方向前下方揮擺，前臂做
旋外的轉動則要慢些，使球拍後仰的角度小些。要用球
拍下部偏右的地方去碰球的中下部。

（2）正手發左側上、下旋球（圖3-82、83）

準備姿勢同上。當持球手將球向上輕輕拋起時，持
拍手迅速向後上方引拍，同時手腕略微挺起，身體隨著
球拍後引面向右轉動。發左側下旋球時，手臂自右後上

①　　　　②　　　　③　　　　④

圖3-82　直拍正手發左側上旋球

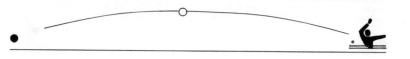

圖 3-83　直拍正手發左側下旋球

方向左前下方揮擺，球拍從球的右側中下部向左側下部摩擦；發左側上旋球時，手臂自右側向左側上方揮擺，球拍從球的右側中下部向左側上摩擦。

3. 練習提示

（1）正手準備發球時，身體重心應放在左腳上，擊球後，右腳隨著腰、髖的轉動向前跟半步，形成準備擊球的基本姿勢。

（2）發球時，拍觸球點的高度要合適，發長球觸球點可低些，發短球觸球點可高些；發長球第一跳要靠近球臺端線，發短球第一跳要在中臺位置。

（3）發球時前臂和手腕的發力要集中，球拍摩擦球的部位和用力方向要準確，要用相似的動作發出不同旋轉的球。

六、接發球技術

(一)作用和特點

接發球是削球選手的必備技術，接發球接得好，不僅能破壞對方搶攻，為自己爭取主動創造機會，而且能直接得分。它具有技術難度大、判斷反應快、掌握技術種類多的特點。

(二)動作要點

1. 接正手轉與不轉發球

（1）接下旋球時，來球落點長，拉一板上旋球；來球落點短，如臺內球，拍形略後仰，用搓、削球接穩健；近網短球可快搓擺短。

（2）接不轉球時，用推擋或正手攻、正手快點，中等力量即可。

（3）判斷不清時，可加轉搓下旋或把球輕托過網，落點要好。

（4）接發球基礎較好者，可用撇側旋或劈長方法回擊。

2. 接正手左側上旋和左側下旋發球

（1）接左側上旋球時，主要要抵消來球向自己右上方的反彈力，正手位長球用正手攻，或快帶借力回擊，拍面前傾；近網短球可用點與挑，弧線略高時用撇或劈

長球，反手位用推、快撥回擊。用弧圈球或快拉時，拍形前傾，向前、向左多用點力，少向上，避免出界。

（2）接左側下旋球時，因來球會向自己右下方反彈，拍面略向左偏斜，以克服側旋力。主動的接法可以拉上旋弧圈球，順著旋轉拉起，拍面不宜過分前傾；穩健的接法用搓、削、推回擊，拍形稍後仰，拍面向左偏斜，近網短球可擺短過渡。

3. 接反手右側上旋和右側下旋發球

（1）接右側上旋球時，主要抵消來球向自己左上方的反彈力；接右側下旋球時，主要抵消來球向自己左下方的反彈力。

（2）推擋、攻球、拉球或搓、削都可以回擊，拍面稍向右偏斜。推、攻、拉球時，拍面前傾，觸球左中上部；搓、削球時，觸球左中下部。

4. 正手接發球的「切」

（1）此技術主要用於接近網中路球，站位偏反手位，用正手接發球，這是一種比較開放型的接發球。

（2）身體稍稍側向正手，肘關節貼近身體，前臂位置放低，站位靠近臺面，接球時手腕放鬆，運用肘關節、前臂和手腕的力量「切球」。

5. 正手接發球的「撇」

（1）此技術的特點與「切」相似，但站位更近，身體更平行於臺面。

（2）前臂抬得較高，肘關節遠離身體，從肩到整個

手臂正好與肘關節相對應。充分利用手腕力量控制旋轉，到最後關頭還能改變擊球的線路。

（三）練習提示

1.削球選手的接發球的方法是由點、撥、拉、擺、削、擺短、撇側旋等多種技術綜合組成的。因此，正確掌握以上各種技術是接好發球的基礎。

2.提高對各種發球的判斷能力是接好發球的關鍵。判斷旋轉的方法有以下幾點：

（1）注意觀察發球時拍觸球的瞬間動作（如觸球部位、發力方向、用力大小等），以判斷來球的旋轉和落點。

（2）注意觀察發出的球在空中的飛行弧線的狀態（如來球飛行弧度高、球速快、著臺後衝力大則為上旋球；若來球飛行弧度低、球速慢、衝力小就是下旋球），以判斷來球的旋轉。

（3）注意觀察對方來球後球落至己方臺面後反彈情況（如著臺後向前反彈衝力小的是下旋；向前反彈衝力大的上旋或不轉球；著臺後向對方左側偏拐的左側旋，反之則是右側旋），以判斷來球。

第五節　結合技術

一、正手削球結合反手削球

（一）作用和特點

正、反手穩削是削球運動員對付弧圈球和拉球的常用技術，削球運動員在左右移動中進行正、反手削球，利用旋轉變化和落點變化控制對方，爭取主動創造得分機會。

（二）動作要點

正、反手削球時，站位靠近球臺中間。用正手或反手削第一板球時，多採用向右後方或左後方換步，正手削球左腳稍前，反手削球右腳稍前。上體同時右轉或左轉，再揮拍擊球。在由正手變反手削或反手變正手削時，主要注意以下幾點：

1. 手臂的左右擺速轉換要快。正手揮拍擊球時，前臂略外旋；反手揮拍擊球時，前臂略內旋。

2. 身體重心的左右轉換要快。從正手變反手削時，身體重心由右腳轉至左腳，腰、髖稍向左側轉動，同時左腳尖轉向左側；從反手變正手削時，身體重心由左腳轉至右腳，腰、髖稍向右側移動，同時右腳尖轉向右

側。

3.左右步法的轉換要快。小範圍的左右移動可用併步、跳步,大範圍的移動可用交叉步。

(三)練習提示

1.每削完一板球,應迅速做輕微調整(如用小墊步調整一下重心)使位置還原至中間,手臂肌肉放鬆,以利於下一板的擊球。

2.正、反手削球,擊球點一般應保持在身前,反手削球擊球點可稍前於正手,這樣可增加削球威脅性。

3.應視來球情況,及時調整擊球動作和步法,避免用一種步法,一種手法和一個擊球時間去削各種不同來球。

二、正、反手削球結合反攻(圖3-84)

(一)作用和特點

削中結合反攻是削攻打法的主要技術。運用旋轉和落點控制對方在走動中回球,當對方回球質量不高時,就利用反攻爭取得分。

(二)動作要點

削與攻屬於兩類截然不同的技術,因此由削轉攻時要注意以下幾點:

圖 3-84　削中反攻

1.身體重心的調整。由於削球時身體重心較攻球低，因此由削轉攻時，就要注意適當抬高身體重心。

2.前臂的外旋和內旋轉換要及時。例如，正手削轉正手攻時，前臂動作應由外旋轉為內旋；反手削轉反手攻時，前臂動作應由內旋轉為外旋。

3.要注意擊球時的拍形、引拍位置，擊球時間、擊球部位、發力方向的及時調整。削球時是向上方引拍，拍形後仰，在來球下降期擊球中下部，向前下方揮拍；而攻球是稍向後下方引拍，拍形稍前傾，在來球上升期或高點期擊球中上部，向前上方揮拍。

4.步法快速移動。由近臺削轉近臺反攻時，削、攻擊球動作轉換要快，可用單步、跨步或併步移動。正手攻時左腳上步，反手攻時右腳上步。由中遠臺削轉中遠臺反攻時，削球後應及時調整重心（可原地踮一下）然後轉入中遠臺反攻。

（三）練習提示

1.由削轉攻時注意身體重心上提，腳步前移，動作及時還原。

2.由遠臺削轉為近臺反攻時，步法移動要快，同時在移動過程中身體重心要穩定，不要上下起伏過大。

三、搓球結合削球

（一）作用和特點

搓球結合削球是削球類打法的主要結合技術。它是利用近臺搓球和遠臺削球的旋轉、落點、節奏的變化達到控制和調動對方的目的。

（二）動作要點

搓球與削球動作相似，搓球是在近臺，削球則是在遠臺。削球的動作幅度要比搓球大。由搓轉削時，必須根據來球的方向迅速用滑步或後交叉步向後移動，削球時手臂迅速向右或左上方引拍，約與肩同高，同時身體向右或左轉，髖讓位，擊球點在腰部的右或左側前方。擊球後用小跳步及時調整重心，放鬆還原準備下一板擊球；由削轉搓時，應根據來球的方向迅速用交叉步和右腳上步的方法去接球，當身體靠近球臺時，用前腳掌撐地，並以屈膝來控制向前的衝力，保持身體重心的穩

定。在手臂前伸的同時，帶動手腕向下前方摩擦擊球。擊球後應及時調整重心，準備擊下一板球。

（三）練習提示

1. 在前後步法移動過程中，注意身體重心要穩定，不要上下起伏，這樣不但能加快步法的移動速度，還有利於搓球與削球動作的順利完成。

2. 當身體離臺較遠時，則可連續採用交叉步後再右（左）腳上步的方法去回接。

四、削、擋、拱、攻結合

（一）作用和特點

削、擋、拱、攻並施是攻守類打法的主要綜合技術。主要通過削中突然變擋、拱，或擋中轉削等技術的綜合應用，以變化回球的節奏、旋轉、落點，達到擾亂對方、伺機進攻的目的。

（二）動作要點

1. 削中變擋伺機進攻：此結合技術一般是先在遠臺用削球控制落點和旋轉或連逼對方一角後，突然上前用擋球改變球的旋轉和節奏，迫使對方用搓球回接，然後伺機進攻。由削變擋時，應注意：

（1）步法要快速向前移動，重心要及時跟上。

（2）注意削球與擋球的動作轉換速度要快。削球拍形後仰，下降期擊球中下部，以前臂、手腕向前下方發力摩擦擊球為主；而擋球的拍形是垂直或稍前傾，上升期擊球中部偏左的位置，前臂帶動手腕借來球的反彈力向前下切擋，迫使對方用搓回接，伺機進攻。

2.削、擋、拱，伺機反攻：拱球技術是在近臺用來對付下旋球的帶有攻擊力的技術。削、擋、拱、攻結合技術，一般是在削、擋後迫使對方回接下旋球，伺機進攻或用拱球技術爭取主動。運用削、擋轉拱技術時應注意以下幾點：

（1）拍形應迅速轉換擊球。擋球拍形是垂直或稍前傾，拱球是拍形稍後仰。

（2）迅速調整擊球時間與擊球部位。擋擊球時間是上升期，擊球中部；拱球擊球時間是上升期或高點期，擊球中下部。

（3）迅速調整發力方法與方向。擋球是向下前方借力切擋，而拱球是前臂向前用力擊球。削、擋、拱技術的有機組合，使球的旋轉、節奏、落點產生變化，為主動進攻創造了機會。

3.擋中轉削：擋中轉削是先在近臺用擋球對付對方的拉攻，一旦沒有機會進攻，即退臺轉為削球，變換旋轉、落點和節奏，再尋找突破的機會。擋轉削應注意以下幾點：

（1）向後移動的步法要快。由於擋是在近臺，由擋

轉為削時可用滑步或交叉步向後移動，膝稍屈，重心要穩定，同時向右（左）轉髖讓位削球。

（2）動作轉換要迅速（動作要點參考「削轉擋技術」）。削、擋、拱技術的有機組合，使回球的旋轉、節奏和落點產生了變化，為主動進攻創造了機會。

（三）練習提示

1.在削、擋、拱、攻的結合練習中，每次課應側重練習一到兩項技術，這樣收效較好。

2.在削、擋、拱、攻的結合練習中，應選擇好運用的時機，儘量做到結合實戰。

3.在削、擋、拱、攻的結合練習中，應加強練習者的進攻意識，隨時準備上臺反攻或中臺反拉或攻。

五、搓中突擊（圖 3-85）

（一）作用和特點

搓中突擊是削球打法在近臺加強主動進攻的重要手段。它是搓球和攻球組成的結合技術，由搓球的旋轉和落點變化，主動為正、反手進攻創造機會。它具有旋轉變化大、出手快、突然性強等特點。

（二）動作要點

1.搓中突擊首先要利用搓球使其旋轉、落點變化。

圖 3-85　搓攻

當來球比網高時即進行突擊。突擊時，要正確判斷對方
來球的旋轉與落點，從而迅速移動腳步。從左到右用正
手突擊來球時，多採用跳步、併步或交叉步移動；側身
突擊反手位或追身來球時，可根據來球距離身體的遠近
採用單步、跳步、併步或後交叉步讓位。

　2.由搓轉突擊時，要注意搓球後動作的及時還原，
迅速調節好拍形，隨時做好突擊的準備。要將搓球時的
拍形及時調整成攻球時的拍形，拍形稍前傾或垂直，在
來球上升後期或高點期擊球的中部或中部偏上的位置，
以前臂發力為主向前上方摩擦擊球。若來球下旋較強，
則擊球時可適當增加向上的力量；若來球下旋較弱時，
則擊球時可適當增加向前的力量。

　（三）練習提示

　1.搓轉攻時，前臂和手腕要及時放鬆，否則會影響
爆發力和命中率。

2.搓轉攻時，前臂迎前擊球的意識要強，不能等球
下降時才突擊，以免影響速度和命中率。

3.搓轉攻時以前臂發力為主，球拍觸球時要有爆發
力，手腕輔助發力，並控制球拍製造弧線與變換落點。

乒
乓
球
削
球

第四章
削球打法的戰術

　　戰術是指技術、素質和意識在比賽中有針對性地綜合運用的方法。從狹義上講，戰術主要是指在比賽中根據對方的類型打法和技術特點，採用各種技術的原則和方法。

　　戰術能力的表現是以技術為基礎的，技術水準高、技術掌握得全面，是完成戰術要求以及靈活運用戰術的保證。技術是為戰術服務的，比賽的獲勝是通過戰術的合理實施來實現的。

　　削球戰術的基本原則是：以己之長，克彼之短。在制定比賽戰術時，首先要對對方的技術戰術基本情況和特長技術，儘可能詳細地了解，以便有的放矢地採取有效的戰術。

　　比賽中，削球打法在戰術上總的指導思想是「以我為主，積極主動，靈活多變」。也就是說，在制定和實施比賽戰術方案時，應以自己的特長技術為基礎，在此前提下針對對方的技術弱點和戰術漏洞，採取有效的戰術，以達到獲勝的目的。

　　削球打法「以我為主，積極主動，靈活多變」的戰

術指導思想，主要體現在以下五個方面：

一、旋轉

削球打法的基本技術之一是削球，通過削出轉與不轉的不同旋轉的球，來牽制對方，干擾對方的判斷，造成對方進攻失誤或為自己的進攻創造機會。

二、穩健

就是能削弧圈球和頂大板，尤其是在被動中削好弧圈球和頂住大板。

三、低弧線

削弧圈球時的弧線要低，不能使對方有發力進攻的機會。

四、進攻

進攻是當今削球打法中一項主要的得分手段。

五、變化

變化是一個綜合性的要求，削球打法在戰術的使用上應當具有積極主動的意識，變化應當是主動地實施，由自己的主動施控來造成對方的失誤和為自己創造進攻的機會。在比賽中，變化能力還表現在能夠及時根據對方技術上和戰術上的強弱調整自己的戰術，保證勝利的

取得。

削球打法的戰術可分為兩大類：

一類是發球搶攻戰術和接發球戰術。把發球搶攻戰術和接發球戰術作為削球打法的基本戰術，是要強調削球打法必須堅決走攻削結合的道路。要有意識地把攻球打法的戰術，納入到削球打法的戰術體系中來。削球打法能夠在乒乓球強手中生存這是必須的，也是削球打法能夠創造優異成績的基本保證。

另一類是削球的基本戰術，包括削球打法對攻球打法經常採用的逼大角戰術、削中反攻戰術、擋攻削結合戰術和削球打法對削球打法經常採用的拉搓拱結合戰術、搓攻戰術、「輪換發球法」戰術。

第一節　發球搶攻戰術和接發球戰術

一、發球搶攻戰術

（一）發球搶攻的意識

發球搶攻戰術是當今世界優秀削球運動員常用的主要戰術之一。發球搶攻戰術的運用，對於今天的削球運動員而言，已經不是在發球後對方接發球出現了失誤才進行搶攻，而是只要對方回接的球出臺或能在網前挑打，就堅決上手進攻。

在這個意義上，削球打法運動員在發球搶攻戰術使用的要求上和意識的培養上，是和進攻運動員一樣的。在這方面我國優秀的削球運動員陳新華、丁松都有突出的表現。

（二）發球搶攻戰術的運用

1.以反手發右側上、下旋短球為主，結合發長球和急球後搶攻。這種發球搶攻方法是用兩面反膠球拍的削球運動員經常採用的戰術。具體的運用方法是：

（1）發對方正手位或中路的近網短球後，用正、反手進行搶攻。由於發近網短球，一般情況下對方經常以回接短球為主，如果對方控制得不好，即可用正手或反手進行搶攻。

（2）發長球後採用正手攻（側身攻）。由於發的是底線球，對方回接的球一般也比較長，如果回接的球在自己的側身位時，用反手進攻容易發生球頂球拍的現象。這是因為反手進攻的動作結構中，擊球點的空間範圍要小於正手進攻。反以在這種情況下，應當使用正手攻（側身攻）。

2.反手發轉與不轉長短球後，側身搶攻。這是使用兩面不同性能球拍的削球運動員經常採用的主要發球搶攻戰術。具體的運用方法是：

（1）由交替使用不同性能兩面膠皮，來干擾對方對來球性質的判斷，製造進攻的機會，如果對方正手近網

挑打的能力比較強，可以採用以轉與不轉為主的發球到對方的正手近網或中路，對搓接或質量不高的挑打球進行搶攻。如果情況相反，對方正手挑打能力比較強，則利用下旋比較強的球來控制對方正手近網，牽制對方對正手近網位置的注意，藉由發不轉球到對方反手的底線，來製造搶攻的機會。

（2）在關鍵時候，可以大膽地採用發對方正手位的不轉長球，在準備好對方衝拉的前提下，如果對方求穩而手軟，出現質量不高的回接球時，則可以進行搶攻。

3.正手發轉與不轉的長短球後搶攻。這是使用反膠球拍和兩面不同性能球拍的削球運動員採用的發球搶攻戰術。具體的運用方法是：

（1）使用反膠球拍的運動員，可以用正手相似的發球動作，發出轉與不轉差別比較大的發球，然後用正手進行搶攻。

（2）使用兩面不同性能球拍的運動員，可以用反膠發出加轉的下旋和用長膠發出不轉的球，另外還可以用反膠用相似的動作，發出不轉的球，對對方的接發球進行干擾，製造出比較多的搶攻機會。

4.側身位正手發高、低拋球後搶攻。這是削球運動員學習進攻型運動員的打法，進行搶攻的一種戰術。具體的運用方法是：

（1）以發對方反手位的長球為主，結合近網球，以此來迫使對方回接長球，便於上手搶攻。當對方用側身

搶拉接發球時，可用發正手近網短球進行牽制。

（2）由發側下旋球，利用回球本身的側旋性質，用長膠進行快拱對方的正手大角度球，形成搶攻局面。

二、接發球戰術

（一）接發球的戰術意識

削球運動員在接發球的戰術意識中，除了提高搓、削、拱和擋的回接球的質量，減少對方發力進攻的可能性，增加對方的失誤外，還要考慮這樣兩個問題：

一是透過接發球技術的運用，為第 4 板進攻創造機會；

二是接發球時，即可採用搶攻的策略。

這樣一種接發球戰術的運用，增加了對方回接球的難度，可以使削球運動員在接發球段中的得分能力得到提高。

（二）接發球戰術的運用

削球打法的接發球戰術要注意兩點：一是旋轉的變化，二是落點的變化。

由這兩個因素來控制對方的發力進攻，並努力促使對方回接球的質量不高，形成進攻的機會，或者使對方直接失誤。同時還可以使用接發球搶攻戰術，如果有機會，堅決地上手進行搶攻。

1.用加轉搓球和削球到對方的反手位大角度，配合送轉與不轉長球到對方正手位。目的是使對方不能發力衝拉弧圈球。如果對方用加轉弧圈球回接，則可以和對方形成相持局面；如果對方用搓或輕拉回接，則可以主動地進行搶攻。

2.用快搓、拱球控制對方的兩個大角，配合正手的拉或撇一板到對方反手。這是使用兩面不同性能球拍的削球運動員經常採用的接發球戰術。當用反手接發球時，可用倒拍的方法快搓對方的球臺兩角，使對方判斷不清來球的旋轉和落點，不易發力進攻。在用正手接發球時，也可以用同樣的方法進行回接。

3.接發球搶攻。當對方發球出臺或發球的質量不高時，可以積極主動地進行接發球搶攻。接發球搶攻的質量可以依來球的情況進行調整，即使接發球搶攻不能直接得分，也能打亂對方的預想和節奏，破壞對方打發球搶攻的意圖和穩定性。削球運動員積極採取接發球搶攻戰術，從策略上講是非常有效的。

第二節　削球打法基本戰術

一、對付攻球打法的基本戰術

（一）逼大角戰術

這一戰術是削球打法對付攻球打法經常採用的戰術之一。在削對方拉過來的球時，站位儘可能不要遠離球臺，擊球點比較高，弧線比較低，以便使逼大角的落點和速度結合起來，迫使對方在跑動中拉球，以減低對方進攻的威力，或導致對方直接拉球失誤。

（二）削中反攻戰術

削中反攻戰術，主要是用削球的旋轉變化和落點變化，迫使對方在移動中回接球時因擊球點不合適而造成失誤，或回球的質量不高出現可以進攻的機會。

此戰術運用的基礎是穩健的削球，它還要求削球運動員具備在相持階段中對付衝拉的削球技術，並由旋轉和落點的變化，主動實施控制的能力，能夠為進攻創造條件。同時還要求削球運動員具備良好的步法和在較大範圍的移動中進行反攻的能力。

這種能力可以保證在比賽中能夠捕捉到更多的進攻機會，以及不失時機地發起反攻。常用的削中反攻戰術

有以下幾種：

1.以加轉削球到對方反手位為主，配合削不轉球到對方正手位，伺機進行反攻。

在比賽中，用加轉削球控制對方的反手位，使對方不能拉出前衝弧圈球。在控制的過程中，可以用正手或反手削不轉球到對方正手位，儘可能使削出的不轉球低而長。由於不轉球和先前的加轉球在旋轉的差別上比較大，加之落點的變化，對方需要調整步法和擊球點，由此可以造成對方在正手位拉時不敢加力衝拉，如果對方採用穩拉過渡，則可以進行反攻。

2.連續削對方正手，再變反手，逼對方搓接後進行反攻。

在比賽中，對於側身進攻能力強於正手位進攻的運動員，可以採用這種削中反攻的策略。戰術運用方法是，先連續削對方的正手位，使對方的站位偏向正手位側，再伺機變削對方的反手位，迫使對方用搓球回擊。由於在削球中可以藉由旋轉的變化使對方搓接出機會球，這時可以進行反攻。如果沒有機會，可以搓接後再使用這個戰術。

3.連續削加轉球控制不同的落點，伺機削不轉球，並抓住反攻的機會進行反攻。

在與使用弧圈球技術的運動員比賽時，這一削攻結合戰術是經常採用的策略之一。連續削加轉球，除了防止對方發力衝弧圈球外，還可以給對方一個深刻的「他

削的球很轉」的印象，這為不轉削球起到直接得分和使對方出機會球打下了基礎。當對方為了避免拉球下網而運用加轉拉球時，即可適時地削出不轉的球。在用長膠連續削球後，可以倒拍用反膠削不轉的球，造成對方失誤或出現機會球。

4.上臺時，搓不轉球到對方的兩大角，伺機反攻。

當對方採用拉搓戰術時，要注意對擺短球的回接。可以由旋轉變化、落點變化來干擾對方回球的質量。也可以由倒拍的變化，使對方失誤或出現機會球。

5.穩削中以變化旋轉為主的戰術。

這是削球運動員採用的拼技術實力的一種策略。當自己具備較好的削球技術實力而沒有機會進行反攻時，可以採用穩削的戰術，尤其是在對手的控制性技術比較好而進攻的威力不太大時。在對方穩拉時，以穩對穩，儘可能壓低削球的弧線，不給對方發力進攻的機會，並等待機會球的出現。

這個戰術打的是耐心，在耐心方面削球運動員一般比攻球運動員要好。

（三）擋、攻削、結合戰術

擋、攻削、結合戰術，是削球打法的主要戰術之一。擋、攻削、結合，主要是由在近臺的擋（拱）球和中遠臺的削球來變化擊球的節奏，干擾對方進攻，造成對方的失誤或出現機會球，然後伺機反攻。具體的運用

方法是：

1.用擋或拱壓住對方的反手，並結合變線，伺機反攻。

在比賽中，先以擋或拱壓住對方的反手位，當對方要側身進行搶拉（攻）時，可以進行變線。由於長膠的擋或拱帶有一些下旋，對方在移動回接時有一定的難度，如果對方在正手位拉斜線時，可以用正手回擋來球，或退後一步削接來球，並伺機反攻。

2.連續削對方的一點，在對方拉球中突然上臺擋或拱，並伺機反攻。

這是削球打法從遠臺到近臺的戰術之一。此戰術有兩種基本的實施方式：

一種是以削球連續逼對方反手位，待對方拉球出現質量不高時，突然上臺用擋或拱球變線到對方的正手，再改變節奏、變化旋轉和變化落點，給對方進攻製造困難，迫使對方直接失誤或為自己的反攻創造機會。

另一種方法是以削球連續逼住對方的正手位，在對方拉球質量下降時，對中路和反手位的球用上臺擋或拱的方法，回擊對方反手位，由於球速突然變快，對方側身再攻有困難，一般會用反手進行過渡，這時則可以進行反攻。

3.對攻中用減力擋、削的戰術。

這種戰術是在削球運動員連續進攻對方並形成對攻局面時，結合削球打法的特點，所採用的一種靈活的以

我為主的戰術。在戰術的運用過程中，如果和對方形成對攻的局面，削球運動員可以考慮由變化而不是以硬拼對攻來贏得勝利。

具體運用方法是，當對方在對攻中退到中臺時，可以減力擋一板，讓對方上臺回接後，再進行下一次的進攻，由調動對方來爭取主動。如果對方在對攻中擊球的質量比較高，則可以用削球回接一板，再由改變球的旋轉和落點，迫使對方採用過渡性的技術，然後再轉為近臺的擋或反攻。

4. 搓攻戰術。

運用快搓技術，藉由旋轉和節奏上的變化，伺機進行搶攻。使用不同性能球拍的運動員，可以利用倒拍的方法進行快搓，干擾對方的控球能力，伺機進行反攻。具體運用的方法是，一般先用反膠進行快搓加轉球，然後倒拍用長膠搓出不轉球，迫使對方出機會球並進行反攻。使用兩面反膠球拍的運動員，要掌握好擺短球以及近臺快搓的技術，並由旋轉的變化和落點的變化，為搓後上手製造機會。

二、對付削球打法的基本戰術

（一）拉、搓、拱結合戰術

這是對付削球運動員經常採用的一種比較主動的戰術。具體運用方法是，先用弧圈球拉住對方，迫使對方

後退削球，然後可以用搓短球使對方上臺回接，伺機搶拉弧圈球。如對方回接的球質量比較高，則可以用拉球或拱球控制對方，再伺機進行反攻。

（二）搓攻戰術

1. 以搓加轉球到對方反手大角為主，配合搓對方正手位後，進攻對方中路。與削球運動員對搓過程中，在逼反手時，速度和旋轉的控制非常重要，只有具有一定速度和旋轉變化的搓球，才可能為攻球製造出機會。不同性能的球拍應當加強倒拍變化的使用，積極為搶攻創造機會。

2. 以穩搓對方正手為主，伺機反攻。此戰術多用於對方進攻能力比較弱時，在穩搓的過程中不斷變化節奏和旋轉，干擾對方進攻的實施，等待反攻機會的出現。

（三）「輪換發球法」戰術

當兩名削球打法的運動員在比賽中相遇時，可能會出現打「輪換發球法」的情況，所以削球打法的運動員應掌握好輪換發球法戰術。

如果比賽進入「輪換發球法」，在接發球時，其基本戰術是用削球的旋轉和落點變化來干擾和調動對方，不給對方進攻的機會或使對方的進攻不具有威脅性，爭取打到第13板；在發球時，要注意立即改變接發球時以穩健和變化為主的戰術策略，用積極的發球來創造發

球搶攻的機會，在打相持球時，主動地使用搓攻或連續
進攻戰術，爭取在 13 板前贏得 1 分。

第五章
削球打法的訓練

第一節　訓練原則

一、訓練原則的基本概念

（一）進行運動訓練工作必須遵循的基本準則稱之為運動訓練原則。它是運動訓練客觀規律的反映，是運動訓練實踐中具有普遍意義的經驗概括和科學總結。

（二）在制定訓練任務、編制訓練計劃、選擇訓練內容、運用各種訓練方法、確定與安排運動負荷、組織與進行各種訓練作業時，都應根據本專項運動特點和運動員的實際情況，貫徹基本的運動訓練原則。

（三）運動訓練原則是隨著運動訓練實踐的發展，以及人們對運動訓練過程客觀規律認識的發展而提出來的。運動訓練原則將隨著時代的發展、科學技術的進步、科學研究的深入、運動訓練實踐的豐富而不斷完善。

二、削球打法的訓練原則

(一) 循序漸進與突出重點相結合的原則

為削球打法的打法特點所決定，運動員需要掌握多種技術動作。既要學會削球技術，還要學會推、搓、攻等技術。尤其是在運動員明確了削球打法後，不僅要逐步學會削接各種性質來球的技術，而且要逐步掌握削出各種性質回球的技術。

在初學階段，訓練的重點應當放在削得低、削得穩方面；在提高階段，逐步要求運動員削球的旋轉差別大，正反手能進攻。在訓練過程中，注意處理好循序漸進與突出重點的相互關係。

(二) 統一安排與區別對待相結合的原則

統一安排，是在訓練時按照統一的時間、統一的練習方法和練習步驟進行訓練，以解決全隊需要統一解決的共性問題。區別對待，是根據運動員的不同情況，有針對性地解決削球運動員所需要特別強化的技戰術問題。如削球要穩健、回球落點控制要好、旋轉要有變化、能伺機反攻等。

(三) 全面發展與突出特長相結合的原則

削球打法要求運動員全面掌握本類型打法的各種技

戰術，使自己在比賽中沒有明顯的技術漏洞。同時要求運動員重點強調掌握一些得分制勝的特長技術，確立鮮明的個人技術風格。

我國優秀的削球運動員張燮林、鄭敏之、梁戈亮、童玲、陳新華、王浩和丁松等人，都掌握了嫻熟的個人特長技術和得分制勝手段，他們之中有的削球旋轉變化差異大，有的站位近臺逼角後反攻，有的穩削能力強，有的削接弧圈球技術好，有的則是接短球反攻能力強等等，形成了鮮明的個人技術風格。

（四）從實戰出發訓練與比賽相結合的原則

削球運動員平時訓練要儘量接近正式比賽條件。應經常與快攻型、弧圈型、削攻型等不同類型打法的運動員進行實戰練習，以促使削球運動員去適應各種不同類型打法的發球搶攻、搶拉，適應接削前衝弧圈球和加轉弧圈球的變化，適應接中路突擊球和接長短球的前後移動，在實戰中加強伺機反攻的能力等。

經常創造比賽機會與高水準運動員進行實戰比賽鍛鍊，對提高削球運動員的心理素質、戰術意識，強化個人技術風格等方面都有積極作用。

第二節　技術訓練

一、現代削球打法的技術更新

(一) 打法觀念的更新

在當前各種打法激烈競爭的形勢下，削球打法要達到世界先進水準，必須根據形勢的要求和自身的特點，堅持打法改革與技術創新。

現代削球打法要求運動員不僅靠技術、戰術打球，更要用「心（腦）」去打球，而且在意識和技術方面都要更加積極主動。要改變削球是「被動取勝」「後發制人」的傳統觀念，樹立積極主動的意識。

積極主動於旋轉的變化、節奏的變化和速度的變化，積極主動地加強進攻，是現代削球打法立足世界乒乓球壇的基本要求。

現代削球打法大致分為兩種類型：

一種是削攻結合打法，代表人物有陳新華、王浩，其特點是以轉為主、以狠為輔、轉狠結合、守攻兼備；

一種是攻削結合打法，代表人物是丁松，其打法特點是以狠為主、以轉為輔、狠轉結合、攻削結合。

後者符合世界乒乓球技術發展的新潮流，是削球的新型打法。

（二）指導思想的更新

乒乓球運動早期，削球打法是歐洲的傳統打法，有著悠久的歷史和光輝戰績。60年代弧圈球出現以後，歐洲選手大多棄削為攻，目前這種打法在世界範圍內已屬「稀有品種」。

中國選手在百花齊放方針的指引下，堅持削球打法的特色，結合世界乒乓球技術發展趨勢的要求，不斷改革和發展這種打法，使削球打法為中國隊出「奇兵」，為奪得世界冠軍立下赫赫戰功。

削得低、削得穩、旋轉差別大、能攻善守是現代削球打法的指導思想，「轉、穩、低、變、攻」是現代削球打法的技術風格。這一指導思想和技術風格既反映了中國削球運動員的特色，又符合世界乒乓球技術的發展規律。削球穩和低是削球打法最基本的要求；旋轉、落點和節奏的有機變化，是削球打法爭取主動或直接得分的重要手段；發球搶攻、削中反攻技術是當代削球打法的主要得分手段。

（三）技術動作的更新

當前，乒乓球技術的發展要求削球打法是一種攻守兼備的「全能型」打法，同時在削球技術動作的要求上比過去有所更新。以前削球的擊球點低，動作幅度大，下降後期在腰部位置擊球，發力方向是往前削送。由於

擊球點太低,在與攻球、尤其是與弧圈球對抗中,顯得太被動。

現在要求削球的擊球時間在上升期或高點期,由上臂帶動前臂,向下切削的力量大於前送的力量。切削點高可以逼角,擊過去的球又轉又逼角,在與攻球、弧圈球選手的對抗中利於掌握主動。

二、削球打法的技術訓練過程

削球打法的技術訓練遵循乒乓球技術訓練的基本規律,要經歷以下訓練階段:啟蒙階段、基礎階段、提高階段、成熟階段。

(一)啟蒙階段的訓練

1. 指導思想

此階段訓練的重點是啟發運動員對乒乓球運動的理解和認識,開發專項智能,建立乒乓球意識。啟蒙階段如果能有效培養運動員的專項意識,對運動員以後的技術發展會有很大的影響和促進。

2. 訓練要點

(1)確定握拍法

打乒乓球首先遇到的問題就是選擇球拍和握拍法,握拍法與個人打法有密切關係。削球打法的球拍類型和握拍法多種多樣,初學者應在教練員指導下,根據個人的特點和興趣確定握拍的方法。

（2）熟悉球性

初學者要從感覺訓練開始，可採用托球、顛球、對牆擊球、揮拍練習、多球練習等方法，以達到運動員熟悉球性的目的。

（3）初步建立動作概念

此階段主要是增強運動員的手上感覺和動作協調性，建立正確的動作概念，為今後形成正確的動力定型打下堅實基礎。

（二）基礎階段的訓練

1.指導思想

此階段運動員要建立和形成正確的技術動作。每個運動員在基礎階段都要接受全面的乒乓球基本技術的學習和實踐，掌握各項基本技術。身體訓練在提高全面素質的基礎上以專項素質為主，力求使運動員在基礎階段打下良好的體能和技能的基礎。此階段訓練要紮紮實實，切忌過分追求運動成績。

2.訓練要點

此階段訓練應以建立正確的技術動作為重點，在繼續提高手感和動作協調性的基礎上，應加強動作的調節能力和自控能力。訓練安排上可以採用較長時間的有規律性的內容進行訓練，加強運動員的動作重複性，為其打下紮實的基本功，為今後更高級別的訓練及延長運動壽命打好基礎。

例如，計數或計時的正手對攻，反手對推（撥）、對搓等練習，也可採用多球進行此內容的練習。

（三）提高階段的訓練

1. 指導思想

在此階段，運動員要進一步鞏固和發展基礎階段所掌握的基本技術和戰術，初步形成乒乓球運動的各項意識和比賽能力，並根據自身的身體條件、專項素質、氣質性格、各項技術的掌握情況等因素，確定自己到底應形成何種削球打法和技術風格，訓練也將更有針對性。

2. 訓練要點

（1）此階段中主要以形成打法特點的訓練、簡單戰術的訓練和初步建立比賽意識和能力的訓練為主，並且要重視步法的訓練。步法是乒乓球運動中銜接各個技戰術的關鍵，尤其在削球打法中，步法更是重中之重。此外，運動員還應掌握其他多項技術，以求技術的全面性。

（2）此階段運動員已建立了相當複雜的條件反射，具備了一定的技戰術基礎，所以可以安排時間長、內容多、針對性強、能夠給運動員強烈刺激的練習內容進行訓練。

（四）成熟階段的訓練

1.指導思想

此階段應圍繞著技術風格進行訓練，在此前提下鞏固、完善和提高現有的技戰術，形成自己的技術特長。應特別重視技術與戰術的組合，訓練與比賽的銜接，強調技術、戰術、意識、身體、心理、意志等素質的綜合訓練，加大訓練的對抗性，提高比賽的實戰能力。

要注意運動員的全面素質和專項素質訓練，以延長運動員的運動壽命。

2.訓練要點

（1）此階段應圍繞著技術風格和特長技術進行訓練，用特長技術帶動其他技術的提升。要加強組合技術、戰術配套，以及模擬實戰的訓練。另外，還要重視透過比賽發現問題的彌補性訓練。

（2）此階段運動員已具有較高的技戰術水準和實戰能力，接受刺激和條件反射的程度已達到很高水準，所以可安排時間短、變化多、對抗性強的訓練，強化組合和綜合能力的培養。

在多球訓練中，應減少多球訓練的重複性，以想像、創造和隨機性為主。

三、削球打法的技術訓練方法

（一）技術訓練的重要環節

如何提高削球打法對付弧圈球的能力和削攻結合能力，是削球打法技術訓練必須解決好的兩個重要環節。

1. 提高對付弧圈球的能力

削球打法在中國具有悠久的歷史，也曾多次在世界大賽中為中國爭得榮譽。由於當今弧圈球技術迅速發展，使削球打法遇到了許多困難。因此，提高削球選手對付弧圈球的能力，擺脫弧圈球的控制是當務之急。要提高對付弧圈球的能力，應做到以下幾點：

（1）提高削接弧圈球的穩健性

① 判斷要準確。一般說來，弧圈球的旋轉有三種：強旋轉、一般旋轉和不太旋轉的弧圈球。每次擊球前首先要判斷準確，才能採取相應的削球動作。判斷時要從對方揮拍用力的大小、球在球拍上摩擦時間的長短、球的飛行弧線和飛行速度，以及球落臺後的反彈速度和高度等方面進行分析考慮。

② 擊球時間要因來球而異。削強旋轉弧圈球時，在下降期接球比較好，這時來球的旋轉較弱，不易出高球。削一般旋轉和不太轉的弧圈球時，可在下降前期或高點期擊球，下降前期擊球可以用旋轉變化，高點期擊球可以逼角。

③擊球的揮拍速度要因來球而異。弧圈球的旋轉越強，回球的揮拍速度越要快，越要加點力；反之，來球旋轉弱，回球的揮拍速度要稍慢些（長膠削球不受此限制）。

④擊球的動作幅度要因來球而異。削接強轉弧圈球時，擊球動作的幅度要大些；反之，來球的旋轉弱，揮拍速度可稍小些。

總之，在削接弧圈球時如果注意做到了以上幾點，根據來球的旋轉及時調節擊球時間、揮拍速度及動作幅度，對於提高削球的穩健性是非常重要的。

（2）提高削接弧圈球的凶狠性

現代削球打法除了要做到削接弧圈球的穩健性以外，還應做到削過去的球弧線既低又帶有攻擊性。這樣既能為自己擺脫被動、爭取主動找到有利的時機，又能抑制對方拉出高質量的弧圈球。

但從目前狀況來看，大多數削球選手還未真正擺脫弧圈球的控制，普遍存在的問題是：削球弧線偏高，被對方衝殺，頻於招架，難以取勝。因此，提高削接弧圈球的凶狠性，是削球選手過弧圈關的重要環節。提高削接弧圈球的凶狠性要注意做到以下幾點：

①加快揮拍擊球的瞬間速度，有利於克服弧圈球的旋轉，降低回球的弧線。根據乒乓球擊球技術原理，不轉的球碰拍時，無旋轉作用於拍，入射角等於反射角，所以不會出現偏折現象；而旋轉的球與拍接觸時，

由於拍面的摩擦作用和球的旋轉作用，在反彈時會產生偏折；反彈偏折趨向的大小，與球和球拍接觸時的相對速度有關。

削球時，球拍觸球時的運動方向沿球體表面向前下方，與上旋來球的旋轉方向是一致的，觸球時，若球拍的運動速度小於球的旋轉速度，拍對於球相對處於靜止狀態，那麼，球在球拍表面運動時，由於摩擦力的作用，就會產生向上反彈的偏折趨向，而速度差距越大，偏折越大，削出的球的弧線便越升高。

要克服這一現象，就必須加快揮拍擊球時的瞬間速度，使拍觸球的瞬間運動速度大於球的旋轉速度，這時球體對於球拍相對處於「靜止」狀態，球就不會產生偏折，削球的弧線則不易偏高。

②適當提早擊球時間、提高擊球點，能削出弧線低而凶的球。根據乒乓球的擊球原理，任何擊球技術要達到準確命中，必須滿足對弧線的要求。

削球對弧線的要求是，擊球點越低，越要注意增大弧線曲度，從技術上講就是拍形後仰角要大，觸球部位要偏下，向前用力要多，這樣才能保證過網命中。

而克服強烈上旋，則要求拍形後仰角要小，觸球部位偏上，向下用力要多，這兩者是矛盾的，不可兼得，尤其當對方拉出強弧圈球時，由於球著臺後下滑速度快，趕不上最佳擊球點，就容易出現回球高的現象。因此，適當提早擊球時間，提高擊球點，減小拍形後仰角

度，向下用力短促，類似「砍擊」，這樣就能削出低而凶的球。

③加強旋轉、落點和節奏的變化，是削球手制服弧圈球、爭取主動的有效手段。例如，以加轉削球為主，用極其相似的動作削出強烈下旋球和不轉球，來干擾和牽制對方；在削球中突然兜一板小上旋，變化回球的節奏來爭取主動。

2. 提高削攻結合的能力

削攻技術的密切結合及連續進攻能力，是削球打法兩項很重要的基本功，也是當前世界乒乓球運動發展潮流對削球打法提出的新要求。現代削球打法訓練要重視解決削與攻的緊密結合，提高削與攻的隨機變化能力，要改變那種「削球只能在出現機會後才能攻一板以定乾坤」的落後觀念。

從戰術運用來看，攻球不僅是削球打法的得分手段，而且削中反攻的旋轉和速度變化，還可以干擾對方的判斷及擊球節奏。因此，削球為攻球創造機會，攻球為削球提供方便，兩者相輔相成。

在訓練中，應從以下幾個方面來提高主動進攻能力和攻削結合能力。

（1）加強前三板積極主動的意識和能力

現代乒乓球技術的發展要求削球型選手與快攻型、弧圈型選手一樣，重視前三板技術的主動進攻意識和能力，改變以往那種只重視削球技術的提高、忽視前三板

技術的現象。

削攻型選手要充分利用每一輪的五個發球來發動進攻，不光是敢於搶攻、搶拉對方回接過來的下旋球，而且要敢於搶攻對方拉過來的上旋球，採取全方位的上手進攻，即使第一、第二板未能「攻死」對方，還可以退到中遠臺削出各種多變的旋轉球與對方相持。

在接發球方面也應加強主動上手的意識與能力。不能總是以搓球回接，還要採取點、拉、撥、挑、衝、打等技術，即使不能直接得分，也要達到打亂對方發球搶攻節奏的目的。

中國的優秀削球打法選手丁松在第 43 屆世界乒乓球錦標賽中，發球搶攻的得分率達到了 84%，使用率達到了 34%；接發球搶攻的得分率達到 50%，使用率達到 27%，超過了一般攻球選手的水準。

爭取前三板的主動，全方位的上手進攻，賦予削球打法更高層次的進攻意識和要求，是當代削球打法發展的新潮流。

（2）加強削中反攻及連續進攻的意識和能力

現代削球打法除了由削球使其旋轉變化來抑制對方進攻、並能直接得分外，還要由削球的旋轉變化，積極為自己的主動進攻創造更多機會。

削球打法要加強削中反攻的意識，不但要求近臺能反攻，還要求中遠臺能削中反拉，甚至可以與對手連續對拉。削攻技術的密切結合及連續進攻的能力，是當前

乒壇發展潮流對削球選手提出的新要求，在訓練中要加大攻削結合的訓練比例，提高削和攻的隨機變化能力，只有這樣在比賽中才能做到攻削自如。

（3）加強反手位的進攻能力

我國削球選手的進攻主要是依靠正手，反手位的進攻是薄弱環節。一是側身進攻少，二是反手不會攻或者不敢攻，尤其是退到中臺後更是沒有了進攻能力，常被對方將過渡球送到反手位，再伺機拉兩角，顯得非常被動。培養現代削球選手，既要求運動員正手和反手都能進攻，還要求能大膽側身攻，這樣才能適合當前世界乒壇技術發展的要求。

（二）技術訓練的內容和方法

1. 正、反手穩削

（1）目的

提升穩削各種弧圈球的技術。這一技術是削球選手重要的基本技術，不僅一般運動員應當高度重視，就是優秀運動員也要注意加強練習。只有掌握了對方拉幾板自己就能削幾板的過硬技術，比賽時才能信心十足。

（2）方法

①削球選手在正手位、反手位和中路位置，連續穩削對方左1／2臺或右1／2臺。例如，正手削直線（圖5-1）；正手削斜線（圖5-2）；正手削中路（圖5-3）；反手削直線（圖5-4）；反手削斜線（圖5-

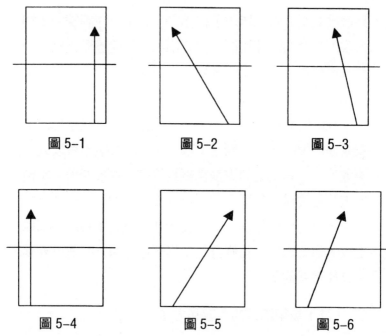

圖 5-1　　　　　　　圖 5-2　　　　　　　圖 5-3

圖 5-4　　　　　　　圖 5-5　　　　　　　圖 5-6

5）；反手削中路（圖 5-6）等，回球以穩而低為主，並且應有數量上的要求。

　　②削球選手在正手位、反手位和中路位置，連續穩削對方兩點。例如，正手削斜線 1／2 臺兩點（圖 5-7）；正手削斜線和直線兩點（圖 5-8）；正手削斜線 2／3 臺兩點（圖 5-9）；正手削直線 2／3 臺兩點（圖 5-10）；正手削直線 1／2 臺（圖 5-11）；正手削斜、中、直三點（圖 5-12）；反手削斜線 1／2 臺兩點（圖 5-13）；反手削斜線和直線兩點（圖 5-14）；反手削斜線 2／3 臺兩點（圖 5-15）；反手削直線 2／3 臺

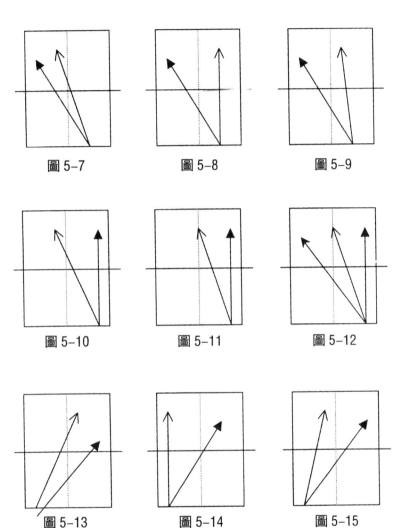

圖 5-7　　　　　　圖 5-8　　　　　　圖 5-9

圖 5-10　　　　　　圖 5-11　　　　　　圖 5-12

圖 5-13　　　　　　圖 5-14　　　　　　圖 5-15

（圖5-16）；反手削直線1／2臺（圖5-17）；反手
削斜、中、直三點（圖5-18）。復線練習是提高削球
運動員手感的有效方法，對手上的微妙調節，發力的大

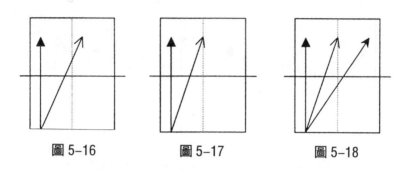

圖 5-16　　　　　圖 5-17　　　　　圖 5-18

小、回球的方向都能達到很好的練習效果。

（3）要求

①在練習中應以削得穩、削得低為主，旋轉變化放在第二位。

②一個球要能削上數十板，運動員不能怕枯燥。

③正、反手穩削時，注意各種步法的運用。

④削完每一板球要迅速還原（包括準備姿勢、身體重心和基本站位）。

⑤從左側到右側削球時，身體重心和步法的變換一定要迅速。

⑥一定要避免採用一種步法、一種手法和一個擊球時間去處理各種不同來球。

2.正、反手削轉與不轉球

（1）目的

提高削加轉和不轉球的質量。

（2）方法

①削球選手從左、右兩角削加轉球到對方左半臺

或右半臺，對方拉加轉弧圈球。

②削球選手從左、右兩角削不轉球到對方左半臺或右半臺，對方拉前衝弧圈球。

③削球選手從左、右兩角交替削加轉球和不轉球到對方左半臺或右半臺，對方拉前衝弧圈球或加轉弧圈球。

（3）要求

①削加轉球時，注意運用上臂帶動前臂發力的方法，以適當加大削球的力量。擊球後手臂和手腕的肌肉要立即放鬆。

②削加轉球時，球拍的擺速和步法的移動要快而準確，以利於加大削球的旋轉。

③削不轉球的外形動作，要和削加轉球儘量相似。

④削出的球落點要長，弧線要低。

3. 中路削球

（1）目的

提高削中路追身球的能力，通過練習，掌握由被動轉為主動的技術。

（2）方法

削球選手正、反讓位，用貼身削球至對方全臺；陪練方緊逼削球手中路追身及中間偏左或偏右的近身位置。

（3）要求

①削球選手要靈活地左、右讓位，用正手或反手削接。

②回球控制落點的意識要強。

4.削球結合反攻

（1）目的

提高削中反攻的能力。

（2）方法

削球選手全臺正手或反手削、攻對方全臺或半臺；陪練方採用攻球或弧圈球。

（3）要求

①在各種技術訓練中，結合實戰要求，抓住一切時機練習反攻。

②不僅要能近臺反攻，也要練一定的中遠臺反攻。

③反攻要抓住時機，選好位置，提高成功率。

5.接突擊球和前衝弧圈球

（1）目的

提高被動防禦及後發制人的能力。

（2）方法

陪練方半臺拉或攻削球手全臺，削球選手有意識的連續削轉與不轉球來回接陪練方攻過來的突擊球和拉過來的強烈前衝弧圈球。

（3）要求

①接突擊球和前衝弧圈球的難度較大，一定要加

強練習。

②練習時，要求削球選手能夠連續回接陪練方的多板進攻。

6. 削、攻、拉、擋全面結合練習

（1）目的

將各項技術有機地結合起來，豐富戰術內容，使之更具有實戰性。

（2）方法

①全臺對全臺，削球選手主動削轉與不轉球，抓住時機上臺反攻，或擋後再攻，或在中臺反拉弧圈球；陪練方可以任意變化旋轉和落點，增加隨機性。

②從有規律練習到無規律練習。在練習中先規定練習內容、落點變化和節奏變化，培養定點、定位的手感和處理方法，然後逐漸過渡到無規律練習。

③使用兩種或兩種以上的單項技術組合成結合性練習。例如，陪練方可先吊正手，再突擊反手，再放正手短球；或者先吊反手，再突擊正手，再放中路短球等等。

④進行多種形式的實戰比賽練習。

（3）要求

①訓練應循序漸進，不宜冒進。一次訓練課或一個階段的訓練安排，應根據實際情況，側重練習一組或兩組技術。

②注意結合實戰要求，各種技術運用的時機要準

確到位。

③訓練以單球練習為主，輔以多球練習。

（三）多球訓練的內容和方法

1. 步法練習

（1）目的

提高削球手的步法靈活性，增強削球選手的頑強意志。

（2）方法

運用多球進行多組練習。每組之間可休息 1～2 分鐘。陪練方用攻、拉、搓等手法將球擊到削球選手的各個不同落點；要求陪練方合理運用多種步法回接來球。

（3）要求

①主要進行無規律的練習，落點要長、短、左、右、中相結合，加大削球選手的移動範圍。

②削球選手應提高回球的成功率，要求達到 70％的命中率。

③削球選手要靈活運用各種步法，做到準確、及時到位擊球。

2. 削中接突擊球（或前衝弧圈球）練習

（1）目的

提高對突擊球和前衝弧圈球的手上調節和控制能力；加強削球選手的反應能力和防禦能力。

（2）方法

①在多球練習中，陪練方突然發力攻或拉前衝弧圈球到不同的落點；削球選手用削球技術回接來球。

②可以先進行有規律的接突擊球和弧圈球練習，逐步過渡到無規律的接突擊球和弧圈球練習。

（3）要求

①削球選手要注意力集中，爭取頂住每一板對方發力擊過來的球。

②對於不能救的球也要做出撲救動作，練習堅韌的意志，逐步擴大防守範圍。

③不僅要頂住來球，還要力求提高回球質量，控制好回球落點。

3.撲接短球上臺反攻的練習

（1）目的

提升從中、遠臺上臺撲接短球和進行反攻的能力。

（2）方法

①陪練方有規律地長、短結合供球，並且有意識的出現機會球，讓削球選手上臺進行正、反手的反攻。

②全臺無規律地供球，削球選手尋找機會進行反攻。

（3）要求

①供長、短球的差距要大，短球的質量要高。

②反攻要堅決，質量要高，爭取直接得分。

③步法運用要正確、合理。

第三節　身體訓練

一、身體訓練的意義

隨著乒乓球運動的快速發展和科學技術的不斷進步，乒乓球技術現在已經發展到了一個競賽規則範圍內的極高水準。現代乒乓球技術種類繁多，球的力量、速度、旋轉等方面質量非常高，比賽中的相持回合增多，移動範圍增大，比賽的對抗強度也隨之加大。

而對於削球運動員來說，由於其打法特點的原因所致，使得其技術種類更多，相持回合更多，移動範圍更大，比賽強度也更大。

運動員要想掌握好的技術，並能在比賽中充分地發揮，必須有健康的身體和良好的身體素質作保證，如果訓練中只練技術不練身體是絕對不行的。削球運動員身體訓練的意義在於：

（一）爲大運動量訓練打下良好的身體基礎

眾所周知，大運動量訓練是運動員獲得優異運動成績的重要手段。運動員在進行大運動量訓練時，身體會產生疲勞。如果身體素質不好，疲勞就產生得早，消失得慢，訓練的時間一長，疲勞積累下來就會出現傷病，輕者會影響訓練的質量和訓練的出勤，重者將結束運動

生涯。

反之，運動員的身體素質好，疲勞就產生得晚，消失得快，出現傷病的可能性就小，從而能夠承擔大運動量的訓練，這不僅使運動員具備了儘快提升技戰術水準的身體條件，並能使其運動壽命延長。

（二）為比賽做好充分的身體準備

由於現代乒乓球的技戰術已經發展到了一個極高的水準，使得乒乓球這個技巧性很強的運動在比賽中已經不僅僅是對運動員技術的要求很高，對運動員的身體素質也提出了很高的要求。

全國及世界級的乒乓球競賽，一般需要進行一周左右時間，運動員一天要進行很多場比賽，並要承受來自心理、精神、生理等方面的考驗，如果沒有很好的身體素質作保證，一是不能夠將已經具備的技戰術水準很好地發揮出來，二是不能夠將比賽很好地堅持下來。

（三）為提升技戰術水準做好身體素質準備

運動員每次大賽後，身、心等各方面都處於很疲憊的狀態，需要休息來進行調整。休息時間的長短，需根據不同的情況來決定，得到充分休息後再投入到新的訓練周期中去。在新的訓練周期，首先要重點進行全面身體訓練和專項身體訓練，恢復和提升運動員的身體素質。如果不加強全面身體訓練，運動員不僅容易受傷，

而且身體素質的恢復將非常慢，不能儘快地投入到更高層次的技戰術訓練中去，使運動員的技戰術水準提升受到很大影響。

（四）培養頑強意志品質的重要訓練手段

削球打法的運動員除了要具備一般運動員所需要的技術、戰術、身體、心理等方面的素質以外，在意志、韌勁、耐心、自信等方面的要求比其他打法的運動員要更高。由大運動量的身體訓練，能夠有效培養運動員勇敢頑強、吃苦耐勞、堅韌不拔的精神和品格。

二、身體訓練的內容與方法

身體訓練分為全面身體訓練和專項身體訓練。全面身體訓練的目的，是全面發展人體的各部分結構，及各系統、器官的機能和各種基本活動能力。專項身體訓練的目的，是重點發展削球打法所需的人體各部分結構，各系統、器官的機能及各種基本活動能力。

（一）全面身體訓練

1.內容
提高速度、力量、耐力、靈敏和柔韌素質。
2.方法
（1）提高速度素質的方法
①各種姿勢的起跑：站立、下蹲、背向等。

②各種短距離的衝刺跑、接力跑：30 公尺、60 公尺、100 公尺等。

③短距離的快速變換方向跑、折返跑、蛇行跑。

（2）提高力量素質的方法

①上肢力量練習

a. 俯地挺身、引體向上、啞鈴操、拋實心球、臥推槓鈴等。

b. 利用健身器械進行各種上肢力量練習。

②下肢力量練習

a. 跑臺階、跑斜坡、負重下蹲、靜蹲、負重蹲跳、單足跳、雙足跳、蛙跳等。

b. 利用健身器械進行各種下肢力量練習。

③腰腹力量練習

a. 仰臥起坐、仰臥舉腿、仰臥兩頭起、懸垂舉腿、俯臥抱頭起等。

b. 利用健身器械進行各種腰腹力量練習。

（3）提高耐力素質的方法

①長跑：2000～10000 公尺。

②長距離越野跑。

③長距離變速跑。

（4）提高靈敏素質的方法

①遊戲：貼人、老鷹捉小雞、追人、變向擺脫跑、綜合競賽等。

②球類：籃球、足球、手球等。

③跳繩：單搖、雙搖、花樣、雙人、集體跳大繩等。

（5）提高柔韌素質的方法

①上肢柔韌：手腕外展與內旋、壓肩、轉肩等。

②下肢柔韌：壓腿、耗腿、劈腿等。

③腰腹柔韌：俯臥兩頭起、俯臥抱頭向左右側起、體後屈、體側屈等。

（二）專項身體訓練

1.內容

（1）提高爆發力及柔和用力素質：前臂、手腕力量；腿部移動急停、急起，及蹬、跨的力量。

（2）提高柔韌素質：腰、腿、臂、腕的活動範圍。

（3）提高靈敏耐力素質：比賽中長時間保持身體靈活性、快速反應及隨機應變的能力。

（4）提高速度力量素質：揮拍速度；起動速度；重心轉換速度。

（5）提高耐久力素質：比賽中長時間保持動作的準確性。

2.方法

（1）提高爆發力和柔和用力的方法

①徒手做各種專項步法練習。

②按教練的手勢做左右側滑步跑。

③腿部綁沙袋進行各種步法的多球訓練。

④摸球臺縱向兩角跑。

⑤教練將網球擲向運動員左、右兩大角，及前、後等不同方向，運動員在快速跑動中徒手用持拍手接球。

⑥向前弓步蹬跳。

⑦手臂綁沙袋進行各種單項技術的多球練習。

（2）提高專項柔韌素質的方法

①教練將網球擲向隊員左、右、前、後等不同方向，擲出的球低於膝蓋以下，運動員跑動中徒手用持拍手接球。

②原地快速後踢腿。

③原地連續收腹跳。

④劈叉。

（3）提高靈敏耐力素質的方法

①教練將網球擲向運動員身體方向，運動員向左、右收腹轉身躲閃來球。

②徒手按教練的手勢做變化方向的步法練習。

③向左、右交叉步快速跑。

（4）提高速度力量素質的方法

①側滑步快速跑。

②原地快速高抬腿跑。

③原地快速提踵。

④快速提踵走。

⑤用鐵拍子或輕啞鈴做快速揮拍練習。

（5）提高耐久力素質的方法

①用多球進行大範圍跑動的結合步法練習。

②耐力跳繩。

第四節　心理訓練

一、心理訓練概述

心理訓練是現代科學化訓練的重要組成部分。從廣義上講，心理訓練是有意識、有目的的對運動員的心理過程和個性心理特徵施加影響的過程。從狹義上講，心理訓練是對某一運動員施加一定的方法和手段，以形成其良好心理狀態的過程。

前面提到，乒乓球技術現在已發展到了競賽規則範圍內的極高水準，掌握了高水準技戰術的運動員越來越多，為了能夠在比賽中將已具備的技戰術水準充分發揮出來，除了有健康的身體和良好的身體素質作保證以外，更要有優秀的心理素質作保證。技術水準越高，對運動員心理素質的要求亦越高。

乒乓球運動是一個技術性很強的體育運動項目，由運動項目本身的特點所決定，乒乓球運動員的技術動作必須高度協調、準確。在雙方技戰術水準相差不多的情況下，誰的心理素質好，誰就能夠不走樣地發揮出已具備的技戰術水準，從而取得比賽的勝利。

即使在雙方技戰術水準相差比較大的情況下，技術水準佔優的一方，如果心理狀態沒有調整好，也會導致肌肉發僵，動作變形，發揮不出應有的技戰術水準，從而造成比賽的失敗，這種例子在乒乓球比賽中是屢見不鮮的。

由於技術打法的特殊性，削球運動員在比賽中先發制人、快速得分的情況不多，往往要打上很多回合後發制人。這就要求削球打法運動員不僅要具備一般的乒乓球運動員所需要的堅定不移、冷靜果斷、機智勇敢、鬥志頑強、爭強好勝、受挫不餒等心理素質，而且要求其在意志、韌勁、耐心、自信等方面更為突出。良好的心理素質不是一朝一夕就能形成的，只有經過長年累月的艱苦訓練，才有可能達到較高的水準。

心理訓練分一般心理訓練和賽前心理訓練。一般心理訓練是在平時的訓練中發展和培養運動員，具備乒乓球運動所必需的心理品質和個性心理特徵的訓練。賽前心理訓練是在比賽前，針對本次比賽的目標、任務及參賽者的具體情況而進行的訓練。

二、心理訓練的基本方法

削球運動員心理訓練的範圍很廣，每一名運動員的個性心理特點又不相同，訓練中要根據運動員的不同特點，採用不同的訓練方法和手段來區別對待，才能達到良好的訓練效果。心理訓練不能夠只侷限在訓練和競賽

中，還應滲透到日常生活中去。

（一）一般心理訓練

1. 動機訓練

削球運動員需要有良好的心態從事這項運動，要有正確的動機，要有發自內心的熱愛，要具有遠大的理想和目標，要心胸開闊，不能患得患失。

用學習、看書、參觀、交流、談心、看電影、電視等多種方法，對運動員進行動機方面的培養和教育。

2. 意志訓練

培養削球選手遇到困難時勇敢堅定、百折不撓的頑強精神，及不達目的絕不罷休的堅強意志。

（1）長跑

據中國乒乓球隊總結出的經驗，長跑是鍛鍊意志品質的最好訓練方法。

第 35 屆世界乒乓球錦標賽，中國男隊只獲得了混合雙打冠軍，賽後檢討找出了失敗的原因，其中之一就是意志品質薄弱。在準備打翻身仗的訓練中，增加了大量的長跑訓練，並專挑不好的天氣進行，使運動員的意志品質得到了很大提高。

在第 36 屆世界乒乓球錦標賽上，中國乒乓球隊打了一個痛快的翻身仗，首次獲得了全部七項冠軍。

（2）超長時間、大運動量的多球全面步法、手法練習

培養運動員在非常疲勞的情況下頑強奮戰、堅持到底的精神。

（3）規定時間和最多失誤次數的多球全面步法、手法練習

陳新華在準備第 38 屆世界乒乓球錦標賽時，為了鍛鍊意志品質、增強自信心，採用過這一方法，收到了很好的效果。他創造出了 20 分鐘內僅失誤 13 個球的紀錄。

3. 表現訓練

培養運動員在比賽越大、觀眾越多、壓力越重時，能做到膽大、不怯場、豁得出去，且具有情緒更高、拼勁更足、更能發揮水準的表現能力和獨立作戰能力。

（1）只用一張球臺進行練習和比賽，組織人員觀摩。

（2）安排一些小型的非正式的公開比賽。

（3）進行對手有場外指導和啦啦隊、自己獨立作戰的練習比賽。

（4）安排具有一定獎勵和懲罰的練習比賽。

（5）組織文藝聯歡會，安排運動員參加演出等活動。

4. 自信心、耐心訓練

培養運動員不畏強手、敢於勝利的自信心和不急不

躁、穩紮穩打的耐心。

（1）經常對運動員的特長技術及各方面進步，進行鼓勵與表揚。

（2）反覆進行難度大的技術和戰術練習，把技戰術練精、練透。

（3）進行穩拉、穩削、穩搓、拉搓結合等單項技術的計數訓練及比賽。

5. 韌勁訓練

培養運動員在碰到彆扭、難受、最怕的球路時，不怕困難、冷靜思考、頑強奮戰的韌勁和能力。

（1）專找彆扭的對手進行練習。

（2）專找自己最難對付的對手進行練習和比賽。

（3）專練自己最怕的戰術。

（4）專門進行從比分落後開始的練習比賽。

6. 情緒調節訓練

培養運動員能正確對待勝負、自我控制、自我調節、保持情緒穩定的能力。

（1）在平時的訓練和比賽中，專門插入一些令運動員頭痛的突然事件。例如，將正確的發球判為違例；將沒有擦邊、擦網的球判為擦邊、擦網；有意識判錯比分；在運動員沒有準備的情況下將技術訓練課改為比賽課。

（2）進行各種關鍵性比分的練習比賽。例如，從 15：15、20：20、19：16、18：17、16：19 等比分開

始進行的比賽。

（二）賽前心理訓練

1. 信心訓練

臨賽前，運動員的心情一般是緊張的，想法也比較多，這是正常的表現。透過有針對性的學習、談心、教育、分析、討論等方式來增強運動員對本次比賽的信心，使運動員對本次比賽具有正確的比賽態度。

2. 模擬訓練

了解比賽對手的技戰術情況，透過模擬比賽，制定出自己的技戰術方案，增強取勝的自信心。

（1）同與比賽對手的打法相似的選手進行練習。

（2）同與比賽對手的打法相似的選手進行比賽。

（3）進行與正式比賽形式相同的練習和比賽。

3. 適應性訓練

了解有關比賽的各種情況，熟悉比賽條件，做好應對一切困難的心理準備。

（1）找與比賽地點情況相接近的地方進行練習。

（2）找相似於正式比賽的場地、球臺進行練習。

（3）進行與正式比賽時間安排相同的練習或比賽。

（4）進行與正式比賽氣氛相似的練習或比賽。

（5）在訓練課中，先進行練習比賽，然後進行基本技戰術練習。

4. 心理放鬆訓練

採用去公園散步、郊遊、聽音樂等方式，緩解運動員賽前緊張的心理狀態。

第六章
削球打法優秀選手簡介

第一節 不同年代削球打法的代表人物

乒乓球運動的初期階段，運動員大都使用木製球拍，擊球速度慢、力量小，沒有旋轉，打法單調。世界錦標賽初期的世界冠軍大多數是進攻型的選手。

1902年英國人發明了膠皮拍，由於膠皮拍彈性比木製拍大，又具有一定摩擦力，可以製造旋轉，因此在1930年匈牙利人創造了橫拍削下旋球的防守型打法，使乒乓球的發展進入了有旋轉的時代。由此開始，一直到1952年左右，橫拍削球打法佔據了世界乒壇的主導地位，大部分的世界冠軍由削球選手獲得。

這一時期削球打法的球拍種類主要是兩面膠皮，沒有海綿。打法類型主要是橫拍穩削死守型，極少進攻。其代表人物主要有：

男子：巴納（匈、獲22次世界冠軍）

西多（匈、獲9次世界冠軍）

伯格曼（英、獲4次男單世界冠軍）

李奇（英、獲2次男單世界冠軍）

女子：羅齊亞努（羅、獲17次世界冠軍）

西普斯（匈、獲17次世界冠軍）

法卡斯（匈、獲10次世界冠軍）

60年代初，中國人發明了長膠粒膠皮拍，創造了直拍削球為主結合進攻的打法。由於50年代日本人發明了正、反貼海綿球拍，60年代中國人又發明了一面反膠一面長膠的兩面不同性能球拍，創造了削轉與不轉球技術，橫拍削球選手在穩削的基礎上加強了進攻。這一時期削球打法的主要類型為：

直拍長膠膠皮拍，以穩削、旋轉變化為主結合反攻。

其代表人物是：張燮林（中）

橫拍正手海綿膠皮拍、反手長膠膠皮拍，削中逼角為主結合反攻。

其代表人物是：鄭敏之（中）

兩面膠皮拍削中逼角、死守為主結合少量反攻。

其代表人物是：紹勒爾（德）

亞歷山德魯（羅）

高基安（匈）

橫拍兩面反膠，削中主動搞轉與不轉變化為主結合反攻。

其代表人物是：王志良（中）

橫拍正手反膠、反手長膠，正手削中轉與不轉變

化，反手逼角為主結合反攻。

其代表人物是：林慧卿（中）

70年代初，中國人創造了長膠與反膠不同性能球拍倒拍發球、搓球的技術及橫拍削攻打法；70年代中、後期，中國人創造了直拍削、攻、拱、捅、擋相結合的打法及橫拍兩面不同性能球拍倒拍快搓、削、拱、擋的技術；橫拍削球選手使用兩面不同性能膠皮除了長膠以外，又增加了防弧圈海綿膠皮。這一時期削球打法的類型較多，其主要類型為：

橫拍正手反膠、反手長膠，削攻結合倒拍發球、搓球。

其代表人物是：梁戈亮（中）

橫拍兩面反膠，穩削為主配合旋轉變化結合反攻。

其代表人物是：高島規郎（日）

鄭賢淑（南韓）

直拍正面薄海綿長膠、反面反膠，削、搓、推、攻、拱、捅、擋結合。

其代表人物是：葛新愛（中）

王　俊（中）

橫拍正手反膠、反手長膠，倒拍削、快搓、拱、擋結合反攻。

其代表人物是：陸元盛（中）

黃　亮（中）

橫拍正手反膠、反手防弧圈海綿膠皮，倒拍搓、削

為主結合反攻。

其代表人物是：李松淑（北韓）

以上這些類型打法一直持續了十幾年至 80 年代初期。80 年代中期由於規則改為球拍兩面膠皮顏色必須明顯區別，使削球選手倒拍技術失去了威力，但削球選手們在進攻能力上有了很大提高，不僅只是搓攻、削攻、發球搶攻，又增加了接發球搶攻、拉弧圈球技術，比賽中攻球使用的比例大大增加，這一時期削球打法的主要類型為：

橫拍正手反膠、反手長膠，攻、拉、削結合為主配合旋轉變化。

其代表人物是：陳新華（中）

李根相（北韓）

橫拍正手反膠、反手薄海綿膠皮，削中逼角、旋轉變化為主結合反攻。

其代表人物是：童　玲（中）

90 年代，中國人創造了進攻型削球的打法，正手方面攻球的比例大於削球，進攻的種類上又增加了攻打弧圈球的技術及反拉、反兜弧圈球技術，削、搓球技術由穩、低逼角配合旋轉變化發展為劈砍式削、搓轉不轉球，這一時期削球打法的主要類型為：

橫拍正手反膠、反手正膠，攻、拉，劈砍式削、快搓轉不轉為主結合穩削。

其代表人物是：丁　松（中）

李　雋（中）

橫拍兩面反膠削中旋轉變化為主配合反拉、攻。

其代表人物是：松下浩二（日）

王　輝（中）

第二節　世界部分優秀削球選手介紹

一、中國削球選手

（一）男子選手

姜永寧──（圖6-1）

中國第一位削球名將。廣東人。1952年獲得新中國第一個男子單打冠軍。在東京舉行的第23屆世界錦

圖6-1　優秀削球手姜永寧

標賽上，他每場均獨得二三分，為中國隊首次進入世界六強立下了汗馬功勞。在對英國隊時，雖然我隊以2：5失利，但姜永寧戰勝了世界冠軍李奇，開創了我國選手戰勝世界冠軍的先例。賽後，他被評為本屆世乒賽的第11號優秀選手，當年又被國際乒聯評為世界十名優秀運動員之一。

在第24屆世界錦標賽上，他又和隊友合作躋身團體四強，外國評論家形容他是「頑強的冠軍」。

他右手直握膠皮拍，特點是：步法靈活、削球穩健、失誤少、頂大板能力強。比賽中具有高度的責任感，意志品質非常頑強，能救起很多被人們看來救不起來的球，他經常說的一句話是：「不到21分還未分出高低。」因此人們送給他「拼命三郎」「牛皮糖」「海底撈月」等綽號。

張燮林──（圖6-2）

上海人。在首次參加的第26屆世界錦標賽的單打比賽中，他用柔中有剛、變化多端、軟綿綿的削球，連續戰勝了日本的兩員大將星野和三木，成了大會的新聞人物。三木在賽後說：「張燮林的球像是一團火似的，一會兒在這裡燃燒，一會兒又在那裡燒了起來。」比喻他的球捉摸不定、變化無常，從此他有了「魔術師」的美稱。

張燮林頭腦聰明，喜愛鑽研。他在偶然的情況下使用了一種接近於長膠性能的膠皮，感覺削球很好打，但

圖 6-2　張燮林在第 26 屆世界錦標賽中

攻球較難打。經過不斷的刻苦練習終於適應了這塊膠皮
的性能，取得了好成績，打進了國家隊。這就是長膠的
起源。這塊膠皮顆粒的高度是 1.5 公釐左右（國際乒聯
規定膠皮顆粒高度最高不得超過 2 公釐），以後又研製
出了膠皮高度為 1.9 公釐的長膠膠皮。張燮林為乒乓球
事業的發展作出了突出的貢獻。

　　他右手直握球拍，動作瀟灑自如，姿勢優美協調，
比賽時沉著冷靜，意志品質頑強。其技術特點是：技術
全面、基本功紮實、戰術意識強、判斷準確、削球穩
健、逼角好、進攻能力強、正手能用長膠攻球或拉球。

　　60 年代前半段是中日兩國乒乓球大較量、大決戰
的時期，是中國隊從日本隊手中奪取了世界冠軍的時
期，是日本隊失去世界冠軍後向中國大挑戰、大反攻的

時期，是中國隊力保世界冠軍的時期，張燮林在這個時期裡發揮了重要的作用。在第27、28屆團體賽中日決賽中，他用頑強的毅力、紮實的基本功、新穎的「武器」、獨特的打法、變幻無常的球路打得日本隊一籌莫展，無可奈何，為中國隊蟬聯三屆團體世界冠軍立下了汗馬功勞。

王志良──（圖6-3）

天津人。是削球選手當中典型的用腦子打球的人。

他首次參加第26屆世界錦標賽時使用的是兩面反膠，成績不好，只取得了單打安慰賽的冠軍。但是他沒有對自己失去信心，而是更加發憤地苦練和巧練，創造出了反膠用相似的手法削出轉與不轉球及削中旋轉變化為主，配合穩削的凶中求穩的削球打法新風格，他加強

圖6-3 王志良（右）和張燮林在第27屆世界錦標賽中

了發球搶攻和兩面反攻及拉弧圈球的能力，使得技術水準有了很大的提高。在第27、28屆世界錦標賽上獲得了好成績，尤其是在第27屆世乒賽中和張燮林合作為我國奪得了第一個男子雙打世界冠軍。

第28屆世界錦標賽後，為了進一步提高水準，他把反手的反膠換成了長膠，開始了新的嘗試。

後來的梁戈亮、陸元盛、黃亮等優秀選手的成功，就是受到了他的啟發，並在他的技術基礎上繼續發明創造了更多的先進技術。

梁戈亮──（圖6-4）

廣西人。他開始是橫拍快攻打法，後改為攻守結合打法。他右手橫握球拍，正手反膠，反手長膠，兩面膠皮顏色相同，他在學習和繼承了王志良用反膠打轉與不

圖6-4　梁戈亮在第31屆世界錦標賽中

轉的基礎上，又創造了倒拍用正手反手交替使用反膠和長膠來變幻球的旋轉配合發球搶攻及削中反攻的打法，他帶著這種獨具一格的新型打法出現在世界乒壇時，立即引起了大家的注意。從此，乒壇開始了長時間的能否繼續使用長膠膠皮的爭議和討論。

他的技術特點是：步法快速靈活、旋轉變化多端、反攻凶狠凌厲。他馳騁世界乒壇多年，功勞顯赫：

是中國獲得世界冠軍最多的男子削球選手（5次）；

是中國參加世界錦標賽次數最多的削球選手之一（5次）。

他比賽中最為可貴的一點是在失敗面前不氣餒，能迅速調整好心態，投入到新的比賽中去。第32屆世界錦標賽對瑞典隊決賽時，由於他輸了3分，我隊4：5輸了，取得了亞軍。賽後他心情沉重，可是他並沒有趴下，在大家的鼓勵下，又精神抖擻、鬥志旺盛地投入到單項賽中去，和李莉密切配合取得了混合雙打世界冠軍。無獨有偶，第35屆世界錦標賽團體賽對匈牙利隊的分組賽中，他又輸了3分，致使中國隊2：5輸給了對方，單項賽時他又同第32屆一樣的不屈不撓，和葛新愛合作又一次獲得了混合雙打世界冠軍。

陸元盛——（圖6-5）

上海人。因為他人長得很瘦弱，個子又不太高，所以大家叫他「小陸子」。

圖 6-5　陸元盛在第 33 屆世界錦標賽中

　　他右手橫握球拍，正手反膠反手長膠。由於他比賽時手持這種兩面不同性能的球拍在手中倒來倒去製造旋轉，因此他的球拍被外國人稱為「魔杖」。其技術特點是：步法靈活、削球穩健、倒拍速度快、旋轉變化好、正手反攻能力強、能拉能打、戰術意識強，打起球來有一股韌勁。

　　第 32 屆世界錦標賽團體賽中國隊輸給了瑞典隊，取得亞軍。第 33 屆中國隊力爭奪回團體世界冠軍，在對南斯拉夫隊的決賽時，「小陸子」被派上了場，當時男團比賽採用的是九盤五勝制，他被派去衝頭陣打一、五、九，大家希望他旗開得勝，把對方陣腳打亂。豈料對手斯蒂潘契奇老謀深算，手上感覺極好，對長膠很適應，他輸掉了第一場比賽。

賽後由於緊張的氣氛和極大的心理壓力及疲勞，本來身體不太好的他，出現了嘔吐的生理反應。

打決賽最怕的就是輸第一場，這會給後面的比賽帶來很大的壓力，在異常困難的情況下，他沒有氣餒，更沒有失去信心，第二次出場時大家從他的臉上已看不出第一場失敗的陰影，他的對手是對方的第一主力舒爾貝克。這時，場上比分 2：2，只見他敢打敢拼、穩紮穩打，在第二局比分落後很多時仍然不慌不亂，頑強拼搏，奮力追趕，17：19 時用反膠連續發了 4 個加轉球造成對方連續 4 個接發球下網直接得分，以 2：0 戰勝了對手，為中國隊最終戰勝南斯拉夫隊、奪回團體世界冠軍貢獻了重要的一分。

第 34 屆世乒賽男子雙打爭奪前 8 名時，陸元盛／黃亮遇到了前世界男子雙打冠軍匈牙利選手約尼爾／克蘭帕爾，前 4 局打成 2：2，第 5 局又以 11：20 落後！場上觀眾幾乎都認為中國選手輸定了，但是黃亮和陸元盛並沒有失去信心，仍然頑強地拼搏著，他們趁對方有些放鬆連打了 4 個發球搶攻，將比分追到 15：20！這時匈牙利選手有些緊張，約尼爾發球，黃亮接發球，黃亮不時變換兩面不同膠皮用反手回接，對方竟連續失誤，中國選手將比分追成 20：20！匈牙利選手慌了，黃亮和陸元盛又乘勝追擊連取 2 分，22：20 反敗為勝，全場觀眾都被中國選手頑強的精神所感動，對他們報以熱烈的掌聲。

陳新華——（圖6-6）

　　福建人。右手橫握球拍，正手反膠，反手曾經打過反膠、防弧圈膠皮、長膠。特點是：技術全面，步法快速、靈活，動作協調，削球旋轉變化差距大、變化多、運用妙，反手既能用長膠削出加轉球又能倒拍用反膠削出轉與不轉球，攻球能力強、種類多，既能搶攻又能搶拉、搶衝，既能削中、搓中反攻，又能發球、接發球搶攻。

　　他獲得了第6屆世界杯男子單打冠軍，是削球選手獲得世界級大賽男子單打冠軍的第一人。還參加了第36、37、38、39屆世乒賽，其中讓人記憶最深的是第38屆世乒賽。

　　第37屆世乒賽結束後，國際乒聯做出了新的規

圖6-6　陳新華在第38屆世界錦標賽中

定，球拍兩面顏色必須明顯區別，這使倒拍技術失去了威脅。中國隊主力隊員郭躍華退役了，蔡振華由於新的規定，實力受到了很大的影響，男團陣容一下子失去了兩員大將！而第37屆世乒賽男團亞軍瑞典隊實力正處於上升階段，咄咄逼人，且第38屆世乒賽又在瑞典的哥德堡舉行，中國男隊如何保持世界冠軍？新任男隊主教練許紹發找到了陳新華，對他說：「我準備把你『藏』起來，下屆團體賽時用你，到哥德堡再露面。」

　　第38屆世乒賽開始了，陳新華一露面，立即引起了瑞典隊的驚訝！瑞典報界稱他是「專門對付瑞典隊的秘密武器」。決賽在中瑞之間進行，陳新華首先出場了，只見他沉著冷靜，口中似乎念念有詞，不管輸贏，臉上始終面帶微笑，他的這一獨有的表情，使對手瑞典隊的林德不知所措。

　　他的技術淋漓盡致地得到了發揮：穩健的削球、突然的反攻，打得林德無可奈何，2：0！陳新華首開紀錄，中國隊士氣大振！一鼓作氣以5：0大勝佔據了天時、地利、人和的瑞典隊，蟬聯男子團體冠軍，其中陳新華獨得2分，並且是本次大賽團體賽中惟一保持不敗、12戰全勝的中國隊員。

　　丁松──（圖6-7）

　　上海人。是一位「大器晚成」的削球選手，首次獲得世界錦標賽冠軍時已經24歲。他的性格獨特，非常內向，話極少，人稱「孤獨松」。

圖6-7　丁松在第43屆世界錦標賽中

　　他開始學球的時間並不晚，16歲時就獲得了全國少年比賽男子單打冠軍。但是，由於他獨特的性格和我行我素的處事方法，使他的成長比起其他一些選手們要艱難得多，曾有過進了國家青年隊，由於違紀被退回上海隊的經歷。

　　但也正是由於他的這種不同於他人的性格使得他在學習打球上也不同於其他的選手，他不願意雷同於以往的削球選手的套路，在恩師陸元盛的精心調教下，不僅桀驁不馴的性格有了很大的改變，經過刻苦的鑽研和訓練，還創造了新型的削球打法風格，將以往削球選手防守性削球的風格演變為攻擊性削球的風格，他與以往的削球選手相比技術上最大的不同點在於：

　　將以發短球為主，改為以發長球為主；

將以穩、低、快慢節奏、旋轉變化為主的搓球，改為以劈砍式快搓轉與不轉球為主；

　　將以正手反攻下旋球為主改為以反攻上旋球為主；

　　將正手以削為主配合攻球改為以攻為主配合削球。

　　這是對乒乓球運動發展的一大貢獻。當他帶著這種新型的打法出現在世界乒壇時，外國選手驚訝了！削球手？攻的比例大於削球。攻球手？卻常常退下去削球。外國選手和他比賽時不知用什麼戰術對付他，稱他為「怪球手」。

　　中國男隊在第 39 屆世乒賽後，團體主力削球手陳新華、王浩退役了，在 1989 年第 40 屆世界錦標賽上失去了團體冠軍，1991 年的第 41 屆又降為第 7 名，當時出場的全是進攻型選手。失敗的原因之一就是，我國一直倡導的並因此取得成功的「百花齊放」打法的方針沒有得到體現。就在這時，由於在全國比賽中的出色表現，丁松帶著新型的打法進入了國家隊。新任男隊主教練蔡振華上任後，立志打翻身仗，丁松成為了蔡振華手中的一顆重要「棋子」。

　　第 43 屆世乒賽在中國天津舉行，佔據天時、地利、人和的中國隊誓奪團體世界冠軍！此時的丁松已經成熟起來，進入了團體陣容。

　　在對第 40、41 屆團體冠軍瑞典隊的決賽 1：1 的關鍵時刻，丁松出場了，只見他不停地跳啊跳，用他最欣賞的人生格言「人生能有幾次搏」的精神，全身心地投

入到了比賽中，甚至於忘了比分，用他那獨特的、新型的削球打法打得瑞典選手卡爾松一籌莫展，打得瑞典隊的坐席異常沉悶，2：0，丁松不僅在比分上打敗了卡爾松，在心理上、氣勢上也打敗了瑞典隊，為中國隊重新奪回闊別 6 年的斯韋思林杯立下大功。

（二）女子選手

葉佩瓊——（圖 6-8）

廣東人。中國第一位女子削球全國冠軍獲得者，也是中國第一位參加世界錦標賽的女子削球選手。她參加了第 24、25、26 屆世界錦標賽，在第 24 屆世界錦標賽中與孫梅英、丘鍾惠合作為我國獲得了女子團體第 3

圖 6-8　優秀削球選手葉佩瓊

名，這是當時中國女子乒乓球在世界錦標賽上首次獲得的最好成績。所以，她與孫梅英、丘鍾惠三人被譽為中國女子乒乓球的「開國元勛」。在第25屆世界錦標賽上她們又蟬聯了女子團體第3名。

她橫握球拍，開始時使用的是膠皮拍、海綿拍，後來使用的是正手反膠反手薄海綿正膠。技術特點是：步法快速靈活、動作協調、手感好、削球穩健、失誤少、頂大板能力強、正手能打轉與不轉旋轉變化。

她17歲入選國家隊。

她平時是個急性子的人，但是，打起球來卻極有耐心，因她是屬於「死守派」風格的削球選手，所以比賽時回合很多，輸贏一分都要打上很多板，但她很有耐心，不急不躁，意志頑強，不怕勞累地和對手周旋著，纏住對方，最後將對手「活活纏死」。

她曾獲得過全國團體、單打、雙打的冠軍及混合雙打亞軍，是獲得全國女子單打冠軍次數最多的（2次）削球選手之一。

值得一提的是，現在活躍在世界乒壇的中國乒乓球女隊教練李隼和日本女隊主力隊員李雋是她的一兒一女。長男李隼是奧運會、世界錦標賽冠軍王楠，世界錦標賽冠軍張怡寧，世界錦標賽單打第3名李楠的教練；小女李雋也是削球打法的選手，曾是中國隊隊員，代表中國隊獲得過第40、41屆女子雙打第3名，第46屆世界錦標賽代表日本隊獲得女子團體第3名。

圖 6-9　林慧卿在第 28 屆世界錦標賽中

　林慧卿——（圖 6-9）

　印尼歸國華僑。1959 年加盟上海隊，1960 年入選國家隊。她樸實、善良，做不到的事絕不說，說了的事一定去做，朋友們親切地稱呼她「阿林」。她性格堅強，想做的事一定會去努力做成做好，比賽時膽大心細，自信心強、意志好，有極大的心理承受能力。她為中國乒乓球運動創造了許多「第一」和「神話」。

　她是中國第一位獲得女子團體、單打、雙打、混合雙打世界冠軍的削球選手。

　她是中國隊迄今為止惟一一名既獲得過全國錦標賽全部冠軍（團體、單打、雙打、混合雙打）又獲得過世界錦標賽全部冠軍（團體、單打、雙打、混合雙打）的削球選手。

　她是中國獲得世界錦標賽冠軍次數最多（5 次）的

女子削球選手之一。

她是中國參加世界錦標賽次數最多（4 次）的女子削球選手之一。

她是獲得全國錦標賽單打冠軍次數最多（2 次）的女子削球選手之一。

她右手橫握球拍，正手反膠，反手長膠。技術特點是：技術全面，攻守兼備。動作協調漂亮，基本功紮實，判斷準確，失誤少，回球弧線低；正手削球以轉與不轉為主，旋轉變化大，反手逼角好；正手反攻能力強，能拉能攻；戰術意識好。

她堅強的性格和頑強的意志在 1965 年的第 28 屆團體賽和 1971 年第 31 屆世乒賽中表現得尤為突出。第 28 屆的團體比賽，在容國團精心繪製的「畫龍點睛」的藍圖下和同伴緊密團結，英勇奮戰，為中國奪得了第一個女子團體世界冠軍。

第 31 屆團體對日本的決賽時，她在技術佔優的情況下，由於種種原因輸掉了兩分。運動員碰到這樣的情況，心理遭受的打擊可想而知。但是她用堅強的毅力和頑強的意志頂住了這極大的打擊，經受住了考驗，在後面的單打、雙打、混合雙打比賽中，頑強奮戰，不僅在單打復賽中戰勝了團體賽時曾經打敗過她的日本選手，還一舉奪得三項世界冠軍，令人欽佩不已！

鄭敏之——（圖 6-10）

上海人。她右手橫握球拍，正手海綿膠皮拍，反手

圖 6-10　鄭敏之（右）和林慧卿在第 28 屆世界錦標賽中

長膠膠皮拍。其技術特點是：步法靈活、削球穩健、頂大板能力強；逼角凶狠、落點刁鑽、旋轉變化多；搓中能拐、擋；接短球及搓球時，常用反手逼拐搓到對方正手，使對方措手不及；正手反攻好。

　　她看起來文靜、柔弱，實際上性格開朗，快人快語，有著倔強的性格，因為她打起球來就像一隻在球臺邊飛來飛去的小燕子，所以大家給她起了一個非常好聽的昵稱「小燕子」。

　　她 1965 年參加世乒賽時只有 17 歲，這個年齡是當時中國隊參加世乒賽以來最年輕的，她不僅參加了比賽，而且作為主力隊員進入了團體賽的陣容，並且在決賽中出場，單打 2：1 勝了關正子，雙打和林慧卿合作 2：0 勝了深津尚子／關正子，為中國隊 3：0 戰勝日本隊立了大功。

別看她年紀小，但膽子大、主意多、拼勁足，在這次比賽前及比賽中她做出了兩件不同於別人的事情：其一是賽前她在隊友們的鼓勵下主動向領導請戰，要求參加團體賽；其二是團體決賽上場前，她將寫有「勇敢、鎮定、冷靜，堅持就是勝利」的一小塊醫用膠布貼在了左手上，用以在比賽中提醒和激勵自己。當時把隊醫嚇了一跳，還以為她那裡受了傷。

單項賽中她和林慧卿合作又為中國隊首次獲得了女子雙打世界冠軍。

第 28 屆世界錦標賽中國女隊「畫龍點睛」的傑作人們一直記憶著。林慧卿和鄭敏之作為這條龍身上的眼睛放射著奪目的光芒。

容國團退役後到中國女隊任教，1965 年率隊參加了第 28 屆世界錦標賽，上屆的團體冠軍是日本隊，中國女隊的目標是打「翻身仗」奪取團體世界冠軍。

團體中的 4 名選手李赫男、梁麗珍、林慧卿、鄭敏之均是新人，李、梁是快攻打法，林、鄭是削球打法。賽前的準備會上，容國團畫了一條龍，李、梁的名字寫在了龍的身上，林、鄭的名字寫在了龍的眼睛上，容國團的「畫龍點睛」之筆，意圖是讓李赫男、梁麗珍去闖預賽的歐洲削球選手關，讓林慧卿、鄭敏之去衝破決賽的日本攻球選手牆，這一排兵布陣在比賽中達到了出其不意的效果，決賽前的 6 場比賽幾乎都是李、梁出場，林只打了第一場對荷蘭的一場單打、第二場對蘇聯的一

場單打、一場雙打，而鄭僅僅在對蘇聯的雙打中露了一面，中國快攻選手連闖6關進入了與日本隊的決賽！決賽前的練習仍讓李、梁上場，造成李、梁打決賽的假象，等到日本隊拿到了中國的出場名單後頓時大吃一驚！不僅只是林、鄭出場，包打單、雙打，而且實力稍強的林慧卿打第二主力的位置去拼日本頭號主力深津尚子，鄭敏之則打第一主力的位置首先去抓關正子，決賽還未開始，日本隊已顯出慌色。

決賽開始後，林、鄭團結一致、頑強奮戰、英勇拼搏，終於衝破了日本隊的銅牆鐵壁，3：0戰勝了已蟬聯了四屆團體世界冠軍的日本隊，第一次為中國奪得了女子團體世界冠軍。

葛新愛──（圖6-11）

圖6-11 葛新愛在第33屆世界錦標賽中

河南人。右手直握球拍，正面長膠，反面反膠。9歲開始學習打球，她是橫拍削球打法，12歲那年她看了一場關於第28屆世界乒乓球錦標賽的電影，片中張燮林、林慧卿、鄭敏之的削球使她大開眼界，尤其是張燮林魔術般的直拍削球完全迷住了她，當即決定改打直拍削球。

她視力不好，戴眼鏡，看上去斯斯文文，但膽子很大，心理素質好，打球方面身體素質不算太好，但游泳特棒，乒乓隊去海邊身體訓練時，女隊隊員中只有她敢和男隊郭躍華等幾個游泳好的人游到離岸邊很遠的深海中去。她頭腦聰明，善於琢磨，在張燮林教練的精心雕琢下，除了學習、繼承張燮林打法風格以外，又創造了擋上旋、拱下旋、撇、捅、用球拍反面攻球等技術。

打法特點是：防守站位中近臺，技術種類多，削、搓、擋、拱、撇、捅、攻交替使用，攻球可以用正手反攻，也可以用反面反膠反攻對方輕拉的上旋球和擋球，她是最早使用「直拍橫打」的選手。由於她的打法獨樹一幟，風格獨特，不同於普通的球路，所以，人們親切地稱呼她「老怪」。

「老怪」在中國乒壇也是戰功累累，在她作為中國選手參加的所有國際比賽中，僅僅輸給北韓的朴英順兩場球，這在所有的中國選手中是最少的。她與林慧卿並列為獲得世界冠軍次數最多的女子削球選手，共獲得過5項世界冠軍。

在首次參加的第 33 屆世乒賽團體比賽中，獨得兩分，戰勝了當時世界上最好的削球選手、第 32 屆世乒賽女子團體冠軍獲得者南韓的鄭賢淑和李艾利薩，為中國隊重新奪回闊別 8 年的考比倫杯做出了重大貢獻。在第 35 屆單打冠亞軍決賽中，她心理素質極佳，頑強頂住了剛剛戰勝了中國兩名主力選手、奪標氣勢正旺的北韓選手李松淑的挑戰，在全場兩萬多名北韓觀眾為本國選手加油的吶喊、鼓掌、歡呼聲中，以 3：0 戰勝了對方，成為中國獲得女子單打世界冠軍的第 4 人。

童玲——（圖 6-12）

四川人。8 歲進業餘體校，13 歲進北京部隊隊，15 歲進國家隊，17 歲首次參加了世界錦標賽。

她右手橫握球拍，第 35 屆世界錦標賽之前，使用

圖 6-12　童玲在第 36 屆世界錦標賽中

正手反膠、反手膠皮拍，之後反手改為薄海綿膠皮拍。特點是：削球穩、弧線低、逼角好、落點刁、無謂失誤極少、反攻突然性強，比賽中主要採用穩削逼角配合旋轉變化結合正手反攻的戰術。

她性格文靜，平時不太愛講話，但自尊心、好勝心很強，比賽中沉著冷靜、膽大心細、不急不火，意志頑強，尤其韌勁、後勁極強，她在第35、36屆世界錦標賽單打比賽中兩次戰勝朴英順的比賽被人們稱贊不已。

在她首次參加的第35屆世界錦標賽上，爭奪單打前4名時遇到了北韓選手朴英順。朴英順是第33、34屆女子單打冠軍，是北韓人民的驕傲。

第35屆世乒賽在平壤舉行，朴英順欲要奪取三連冠，為北韓永遠保留考比倫杯（連續三次獲得單項世界冠軍的選手可以永遠保留一個此項目的復製獎杯）。朴英順是左手直握球拍反膠弧圈結合快攻型打法，打削球是她的強項。

比賽開始後，全場的兩萬多名觀眾都為朴鼓掌加油，為朴的每一次得分歡呼吶喊，在觀眾的助威下，只見朴英順猛衝猛打如入無人之境，童玲對賽場的氣氛及對方的凶狠扣殺不太適應，有些急躁連失兩局，以0：2落後！全場觀眾欣喜若狂，掌聲、歡呼聲響徹比賽大廳。但是，童玲並沒有氣餒，面對這異常困難的局面她鎮靜了下來，想到了全國人民的期望，狠下了一條心：今天非贏不可！

此後，她把全場觀眾為朴的加油聲當做為自己加油，觀眾越喊，她越起勁，鬥志越強，她逐漸適應了朴的拉球和扣殺，防守越來越穩，反攻越來越堅定，球越削越低、越攻越準，終於連勝 3 局，淘汰了世界冠軍朴英順，全場北韓觀眾都為朴英順未能「三連冠」流下了傷心的眼淚。

　無獨有偶，在第 36 屆爭奪單打前 4 名時童玲又遇到了朴英順，第一局童玲輸了，第二局又以 12：20 落後！朴以為大局已定，稍有些放鬆，被童連追 3 分比分成 15：20 時，朴有些緊張了，直看記分牌，童玲反而越來越心定，一板一板耐心地削，終於將比分追到了 20 平！21：21 時裁判宣布比賽的時間到，下面開始用輪換發球法繼續進行。

　大家認為形勢可能對童玲不利，可是她卻非常有信心，認為自己平時比賽經常打輪換發球法，比朴有經驗，果真如此！朴很不適應這種形式的比賽，發球時往往操之過急，盲目扣殺，接發球時又只注意防守，忘了進攻，24：22 童玲勝了第二局，之後又很輕鬆地連贏兩局，3：1 又一次淘汰了朴英順！

圖6-13　巴納（右）在第9屆世界錦標賽上

二、外國削球選手

（一）男子選手

巴納——（圖6-13）

匈牙利選手。是至今為止獲得世界錦標賽冠軍最多的乒乓球選手，共獲得了7次團體、5次單打、8次雙打、2次混合雙打總計22個世界冠軍，這個紀錄至今無人打破。

他是20年代末至30年代中期的選手，是最早參加世界錦標賽的削球選手之一。打法的技術風格是單純的穩削防守型，削中沒有旋轉和逼角，反攻也幾乎沒有，

圖 6-14　西多（左）在第 25 屆世界錦標賽中

比賽中主要是靠低弧線、牢固的穩削獲勝。他意志頑強、拼勁足、基本功好、失誤少、步法靈活。

　　現在舉行的世界錦標賽上，除了 7 項錦標以外，還有其他一些獎項，其中有一個獎叫做「維克特·巴納」獎，這就是以巴納的名字命名的，獎勵在世界錦標賽中最成功的運動員。這個獎勵是從 1993 年第 32 屆世界錦標賽開始的，我國選手葛新愛、童玲、郭躍華、曹燕華、江加良、喬紅、鄧亞萍等選手曾獲得過這一獎勵。

　　西多——（圖 6-14）

　　匈牙利選手。曾多次參加世界錦標賽，獲得了 2 次團體、1 次單打、2 次男雙、4 次混合雙打的世界冠軍。

　　他是一位右手橫握球拍的選手，他對世界乒乓球技

術的發展所做的貢獻是改變了削球選手的技術風格。他的技術風格同以往的削球選手最大的不同在於：他把以往削球選手遠臺穩削死守、單純防守的技術風格演變為近臺削中逼角結合反攻的有削有攻的技術風格。

他比賽經驗豐富，其技術特點是：站位近臺、削球穩健、弧線低、角度大、速度快；反手攻球好，可彈擊斜直線；比賽中跑動很少，使用的主要戰術是以逼角為主，配合反攻。

他是 50 年代日本稱雄世界乒壇時，給日本帶來最大威脅的外國選手之一。

我國選手容國團獲得了第 25 屆世界錦標賽男子單打冠軍，其決賽就是在和西多之間進行的。團體賽時他曾 2：0 戰勝了容國團，單打決賽前，他認為必勝無疑了，沒想到容國團喊出了「人生能有幾回搏」的口號，在這種精神的激勵及全隊的幫助下，總結了團體賽時失敗的原因，制定了新的戰術：用拉側旋球破他的削球逼角特長戰術。新的戰術果然奏效，容國團最終戰勝了他，為中國奪得了第一個世界冠軍。

紹勒爾──（圖 6-15）

德國選手。右手橫握球拍，兩面膠皮拍。因為他削球穩健，比賽中有著超人的耐心，不慌不忙，從不著急上火，所以被譽為「切削機器」。

他戴一副金絲邊眼鏡，文質彬彬，看上去像學者，但打起球來卻動作敏捷，反應極快，和平時判若兩人。

圖 6-15　紹勒爾（右一）在第 31 屆世界錦標賽中

他比賽時沉著冷靜、不急不躁、意志頑強。其技術特點是：削球穩健、失誤少、逼角凶狠、角度大、弧線低長、發球好、有發球搶攻及搓中反攻的能力。

　　他是中國男隊 60 年代強盛時期惟一一位戰勝過中國主力選手的歐洲選手。第 28 屆世界錦標賽男子單打爭奪前 4 名的比賽，他遇到了中國的「魔術師」張燮林。兩名削球大師相遇，雙方以穩對穩，誰也很難攻破對方的穩固防守，一個球往往要打上幾十個回合才見勝負，比賽從下午一直打到了晚上，開局只打了 3 個球就開始執行了輪換發球法。他在 0：2 落後的情況下依然不急不躁，不緊不慢，耐心地打著，最後竟以 3：2、第五局 27：25 反敗為勝，令人不可思議地戰勝了張燮林，進入了前四名，並最後獲得了銅牌。他還和他的夫

圖6-16　北韓選手李根相

人戴・紹勒爾（前英國優秀削球選手戴安妮・羅）獲得
過第31屆世界錦標賽混合雙打銅牌。

　　李根相——（圖6-16）

　　北韓選手。右手橫握球拍，一面反膠一面長膠。他
獲得了1998年法國公開賽男子單打冠軍；1989年瑞典
公開賽以全勝的戰績獲得了團體、單打冠軍。從此他被
譽為「世界第一號削球手」「天下第一刀」。

　　他是1987年我國優秀削球選手陳新華、王浩退役
之後至1995年我國新的優秀削球選手丁松出現之前這
一時期世界上最好的削球選手。他憑著穩健的削球、凶
狠的反攻、嫻熟的攻守結合技術、精湛的戰術意識、頑
強的意志戰勝過世界上許多的優秀選手，包括我國的馬
文革、陳龍燦、王濤等人。他在1990～1994年間的國
際乒聯世界排名表上一直居前十名左右，最好排名為第

8，這在打法快速凶狠、「不講理」打法的出現、弧圈球盛行、新型的有利於進攻的球拍和膠水的使用等不利於削球選手的年代實屬不易。

他的技術特點是：削球穩健、弧線低、失誤少、正手轉與不轉及倒板旋轉變化好；發球質量高、旋轉變化大；發搶凶狠、線路多；削中反攻好、具有反拉能力、攻守結合自如。

他曾獲第 11 屆亞洲杯男子單打冠軍；第 39 屆、40 屆、42 屆世界錦標賽男子團體第 3、3、4 名；第 11 屆亞洲錦標賽團體亞軍、雙打亞軍；第 11 屆亞運會男子團體亞軍；首屆世界杯男子團體第 3 名等好成績。

（二）女子選手

羅齊亞努──（圖 6-17）

羅馬尼亞選手。她是猶太人，代表羅馬尼亞參加世界錦標賽，是 50 年代初、中期的選手。

她不僅是乒乓球選手，還是網球和自行車選手。她的身體素質非常好，雖然初次參加世界錦標賽時已 20 多歲，但是一直打到 30 多歲才離開世界乒壇。

她右手橫握球拍，兩面膠皮拍，技術風格是穩削型，她的特點是防守非常穩健、失誤極少、步法快、頂突擊好。

她共獲得了 17 次世界錦標賽冠軍，其中 5 次團體、6 次單打、3 次女子雙打、3 次混合雙打，最令人

圖6-17　羅齊亞努（右）和日本老運動員渡邊
在第46屆世界錦標賽中

佩服的是單打連續6年6次獲得世乒賽冠軍（世界錦標
賽1957年以前是一年舉行一屆，1957年以後改為兩年
舉行一屆），這個成績在女子選手中至今是獨一無二
的。

　　在她參加世界錦標賽不久，技術風格以進攻為主的
日本隊進入世界乒壇，開始了進攻與防守的大交戰。當
時女子主要是日本和羅馬尼亞之爭，她是惟一沒有被日
本選手戰勝的選手。日本隊的世界冠軍、著名選手松崎
君代是在羅齊亞努退出世界乒壇之後才開始參加世界錦
標賽的，她曾為沒有機會在世界錦標賽上與惟一沒有被
日本選手戰勝的羅齊亞努交手而深感遺憾。

　　羅齊亞努現在已經80多歲了，定居在以色列，目

圖 6-18　亞歷山德魯在第 26 屆世界錦標賽上

前仍然活躍在世界乒壇，每一次的世界錦標賽她都要前去觀看，在大阪的第 46 屆世界錦標賽上，人們又一次看到了她健康的身影。

亞歷山德魯——（圖 6-18）

羅馬尼亞選手。她可以被稱為世界乒壇的一棵長青樹，從 50 年代中期開始就參加了世界錦標賽，一直到 80 年代初才離開世界乒壇，40 多歲時還代表德國「多瑙維爾特」俱樂部打球。

她是第 27 屆世界錦標賽女子團體亞軍主力隊員、女子單打亞軍獲得者；她在第 26 屆世界錦標賽上和本國選手合作，在第 32、33 屆世界錦標賽上和日本選手合作，共獲得了 3 次女子雙打的世界冠軍，第三次獲得世界雙打冠軍時已經 35 歲。

她右手橫握球拍，開始使用兩面膠皮拍，後來改為正手海綿膠皮拍，反手半長膠。她同以往歐洲選手穩削風格不同的是，削球自己能主動發揮轉與不轉，其技術特點是：動作靈活自如、削球穩健、以轉與不轉為主配合逼角、弧線低長、防守範圍較寬、搓中能用正反手進攻。

她比賽時拼勁足，鬥志強，不服輸，但脾氣較大，愛急躁，一急起來就愛進攻，表面上看似亂打，實際上她是外鬆內緊，用這種戰術來擾亂對手，麻痺對方。在第27屆女子單打決賽對日本選手松崎君代的比賽中，前兩局她採用穩削持久戰的戰術，但是並不奏效，被松崎打得毫無辦法，很快輸了，第三局前半局又是4：10落後，這時她臉上露出了完全沒有希望的表情，也不耐心地削了，開始攻了起來，實際上這是她的又一戰術，松崎一開始被她迷惑住了，以為她不想要了，放鬆了警惕，連輸了幾分後又緊張起來，怕對方追回去，結果影響了技術水準的正常發揮，反被她將比分追到2：2，幸虧第五局松崎冷靜了下來，穩紮穩打，取得了最後的勝利。

高基安——（圖6-19）

匈牙利選手。右手橫握球拍，兩面膠皮拍，其技術特點是：削球穩健、失誤少、防守範圍大、落點刁、逼角好、削球旋轉以下旋為主配合側旋，比賽中的戰術主要是以削中逼角為主配合反攻，她反攻意識很強，動作

圖6-19　高基安（左）在第26屆世界錦標賽上

隱蔽性很好，常常把球攻到對方意想不到的地方，讓對方很難防守。

　　她個子不高，只有153公分，但是她動作協調優美，步法快速靈活，比賽中拼勁足，意志頑強，尤其是在困難時不氣餒，咬勁更足，但有時在順利時卻容易產生輕敵自傲的情緒。

　　她曾獲得過三次歐洲錦標賽的單打冠軍，一次世界錦標賽單打亞軍，一次世界錦標賽單打第三名。第26屆世界錦標賽女子單打半決賽她對日本選手、第25屆世界錦標賽對單打冠軍松崎君代的比賽在當時被譽為女子攻、削戰中最驚心動魄、最完美的一場高水準的比賽。她在第一局輸了，第二局16：19、第三局19：20落後時不氣餒、不急躁、頑強拼搏，終於以3：1淘汰了世界冠軍松崎君代，進入了與丘鍾惠的決賽。

　　在決賽中她在大比分2：1、第五局17：13領先的

情況下，犯了輕敵自傲的老毛病，最後第五局以 19：21、大比分 2：3 負於丘鍾惠，失去了一次極好的獲得世界冠軍的機會，她為此悔恨無比，當晚傷心地痛哭了很久，以至於第二天遊覽長城時人們還依然能看到她紅腫的眼睛。

松崎君代曾在她的回憶錄《在世界的舞臺上》中寫到：她樣子很可憐，那恐怕是由於哭了一整夜而有些紅腫的眼睛，鐵青一般的面孔，孤零零地一個人發呆地向遠方眺望的身影，給我留下了很深的印象。

也許是由於這一次給她心靈留下的傷感太深，也許是由於其他原因，她在 27 歲時就離開了世界乒壇。

鄭賢淑──（圖 6-20）

南韓選手。右手橫握球拍，兩面反膠，其技術特點是：削球穩健、弧線低、旋轉變化好、失誤少、步法靈

圖 6-20　鄭賢淑在第 33 屆世界錦標賽中

活、反攻能力強、正手反手均能反攻。

　　她在第 32 屆世界錦標賽女子團體賽中和隊友李艾莉薩合作戰勝了中國隊，為韓國隊取得了歷史上第一個乒乓球世界冠軍。回國時曾受到了韓國數萬群眾盛大隆重的夾道歡迎。她也是第 33、34 屆女子團體世界亞軍的主力隊員。

　　她在第 32、33、34 屆世界錦標賽中，和李艾莉薩一同被中國女隊視為最具威脅、難以對付的外國選手，也是當時最難打的外國削球選手。這 3 屆世界錦標賽的女子團體決賽都是在中國和韓國之間進行的，韓國上場的選手均是她和李艾莉薩。第 32 屆她戰勝了胡玉蘭、第 33 屆戰勝了張立。

　　她個子不高，很瘦，平時沉靜斯文，不愛講話，比賽中沉著冷靜、頭腦清楚、意志頑強。她的球極具有實力，沒有很強實力的選手是很難戰勝她的。但她的命運似乎不好，世界錦標賽單項賽時輸了一些不該輸的球，尤其是在第 33 屆世界女子單打 8 進 4 對北韓朴英順的比賽時，在第五局 19：15 領先的情況下，最後卻以 2：3 被朴英順淘汰，非常遺憾。

乒乓球削球

第三節 削球選手比賽成績

一、中國隊所參加的世界錦標賽中單項賽前3名獲得者中的削球選手

屆次	男子單打	女子單打	男子雙打	女子雙打	男女混合打
20	1.西多（匈）	1.羅齊亞努（羅）2.法卡斯（匈）3.戴‧羅拉（英）、羅拉（英）	1.西多／高基安（匈）2.伯格羅／李奇（英）	1.法卡斯（匈）／羅齊亞努（羅）2.戴‧羅拉（英）、羅拉（英）	1.西多（匈）／羅齊亞努（羅）
23		3.澤勒爾（羅）	3.戴雷巴／維納諾夫斯基（捷）	1.羅齊亞努／澤勒爾（羅）2.海頭／羅拉（英）	1.克拉恩／諾貝格（美）2.安德里亞迪斯（捷）／海頭（英）3.雷特／澤勒爾（羅）
24	2.西多（匈）	2.海頭（英）3.澤勒爾（羅）	3.西多／傑特維（匈）	2.海頭／戴‧羅拉（英）3.羅齊亞努／澤勒爾（羅）高洛邦達／艾利奧特（蘇格蘭）	2.安德里亞迪斯（捷）／海頭（英）3.維納諾夫斯基（捷）／艾利奧特（蘇格蘭）
25	3.邁爾斯（美）	1.高基安（匈）		3.海頭／戴‧羅拉（羅）	3.別爾切切克／蘭托斯（匈）
26	3.張燮林（中）	2.高基安（匈）3.亞歷山大德魯（羅）	2.別爾切切克／西多（匈）	2.亞歷山大德魯／皮蒂卡（羅）	
27	3.張燮林（中）、王志良（中）	3.康斯坦丁內斯庫（羅）	1.張燮林／王志良（中）	2.戴‧羅拉／香農（英）	3.法哈席／縄爾迪妮（匈）
28	3.紹勒爾（德）		2.張燮林／王志良（中）	1.林慧卿／鄭敏之（中）	2.張燮林／林慧卿（中）
31		1.林慧卿（中）2.鄭敏之（中）		1.林慧卿／鄭敏之（中）2.濱田美穗／大關行江（日）	1.張燮林／林慧卿（中）2.斯蒂潘契賀（南）／亞歷山德魯（羅）3.紹勒爾／戴、紹勒爾（德）

32	高島規郎（中）			
33	3. 高島規郎（中） 3. 葛新愛（中）		1. 濱田美穗（日）／亞歷山德魯（羅） 2. 林美群／仇寶琴（中） 3. 哈默斯（英）／基什哈齊（匈）	1. 梁戈亮／李莉（中）
34	3. 梁戈亮（中） 黃亮（中）	1. 梁戈亮／李振恃（中） 2. 黃亮／陸元盛（中）	1. 高橋省子（日）／朱香雲（中） 2. 林美群／朱香雲（中） 3. 橫田幸子／大關行江（日）	3. 梁戈亮／張立（中）
35	3. 梁戈亮（中）	1. 葛新愛（北韓） 2. 李松淑（北韓） 3. 童玲（中）	2. 梁戈亮／郭躍華（中）	2. 朱香雲／魏力捷（中） 3. 葛新愛／張立（中）	2. 田阪登紀夫／橫田幸子（日）
				2. 葛新愛／羅貞淑（中） 3. 李松淑／羅貞淑（北韓）	1. 梁戈亮／葛新愛（中）
36		1. 童玲（中）		2. 童玲／小楸娟（中） 3. 安海淑／黃南淑（南韓）	2. 陳新華／童玲（中） 3. 黃亮／小歐娟（中）
37				2. 童玲／小楸娟（中）	2. 陳新華／童玲（中）
38				3. 童玲／管建華（中）	3. 陳新華／童玲（中）
39	3. 陳新華（中）	3. 管建華（中）			3. 王浩／管建華（中）
40				3. 李雋／丁亞萍（中）	
41				3. 李雋／丁亞萍（中）	
42					
43	3. 丁松（中）			3. 王輝／成紅霞（中）	
44			3. 松下浩二／澀谷浩（日）		
45					
46					

註：表中人名前的數字為獲得的名次；人名字體圓圈字者為進攻型選手；人名後括弧內的文字代表國籍。

二、歷屆世界錦標賽中國隊報名選手中的削球選手

第 20 屆世乒賽
　　　　男子運動員：姜永寧
　　　　女子運動員：（無）
第 23 屆世乒賽
　　　　男子運動員：姜永寧、莊家富、郭毅萍、王傳琪
　　　　女子運動員：（無）
第 24 屆世乒賽
　　　　男子運動員：姜永寧、莊家富、王錫添
　　　　女子運動員：葉佩瓊
第 25 屆世乒賽
　　　　男子運動員：姜永寧、莊家富、李仁蘇
　　　　女子運動員：葉佩瓊
第 26 屆世乒賽
　　　　男子運動員：張燮林、莊家富、王志良、郭仲恭
　　　　　　　　　　王傳琪、蘇國熙、李仁蘇、陳協中
　　　　　　　　　　郭毅萍、曾傳強
　　　　女子運動員：葉佩瓊、林慧卿、仇寶琴、周美珍
　　　　　　　　　　蕭潔雯、韓子彬、杜國瑞、陳玉華
第 27 屆世乒賽
　　　　男子運動員：張燮林、王志良、蘇國熙、郭仲恭
　　　　女子運動員：林慧卿、鄭敏之、蕭潔雯
第 28 屆世乒賽
　　　　男子運動員：張燮林、王志良、蘇國熙

女子運動員：林慧卿、鄭敏之、仇寶琴

第 31 屆世乒賽

　　男子運動員：張燮林、梁戈亮

　　女子運動員：林慧卿、鄭敏之、林美群、徐劍琴

第 32 屆世乒賽

　　男子運動員：張燮林、蘇國熙

　　女子運動員：鄭敏之、仇寶琴、林美群

第 33 屆世乒賽

　　男子運動員：梁戈亮、陸元盛

　　女子運動員：葛新愛、林美群、朱香雲

第 34 屆世乒賽

　　男子運動員：梁戈亮、陸元盛、黃亮、王俊

　　女子運動員：葛新愛、朱香雲、魏力捷

第 35 屆世乒賽

　　男子運動員：梁戈亮、陸元盛、黃亮

　　女子運動員：葛新愛、童玲、魏力捷

第 36 屆世乒賽

　　男子運動員：黃亮、陳新華

　　女子運動員：童玲、卜啟娟

第 37 屆世乒賽

　　男子運動員：陳新華、刁明

　　女子運動員：童玲、卜啟娟、田靜

第 38 屆世乒賽

　　男子運動員：陳新華

　　女子運動員：童玲、管建華

第 39 屆世乒賽

　　男子運動員：陳新華、王浩

　　女子運動員：管建華

第 40 屆世乒賽

　　男子運動員：（無）

　　女子運動員：李雋、丁亞萍

第 41 屆世乒賽

　　男子運動員：（無）

　　女子運動員：李雋、丁亞萍

第 42 屆世乒賽

　　男子運動員：王浩

　　女子運動員：鄭源

第 43 屆世乒賽

　　男子運動員：丁松、王浩

　　女子運動員：王輝、成紅霞、張凌

第 44 屆世乒賽

　　男子運動員：丁松

　　女子運動員：王輝、成紅霞

第 45 屆世乒賽

　　男子運動員：（無）

　　女子運動員：王輝、成紅霞、丁穎

第 46 屆世乒賽

　　男子運動員：（無）

　　女子運動員：（無）

三、歷屆世界錦標賽中國隊團體賽報名中的
削球選手及成績

屆　次	男　子	名　次	女　子	名　次
20	姜永寧	10		二級隊
23	姜永寧	6		11
24	姜永寧、王錫添	4	葉佩瓊	3
25		3	葉佩瓊	3
26		1		2
27	張燮林	1		3
28	張燮林	1	林慧卿、鄭敏之	1
31	梁戈亮	1	林慧卿、鄭敏之、林美群	2
32		2		2
33	梁戈亮、陸元盛	1	葛新愛	1
34	梁戈亮、黃亮、王俊	1	葛新愛、朱香雲	1
35	梁戈亮、黃亮	2	葛新愛	1
36		1	童玲	1
37		1	童玲	1
38	陳新華	1	童玲	1
39	陳新華、王浩	1		1
40		2		1
41		7		2
42	王浩	2		1
43	丁松	1		1
44	丁松	1		1
45		2	王輝	1
46		1		1

四、歷屆全國錦標賽單項賽前 3 名獲得者中的削球選手

年度	男　單	女　單	男　雙	女　雙	混合雙打
1952	1.姜永寧	3.柳碧			
1955	1.姜永寧				
1956	2.姜永寧 3.莊家富	2.葉佩瓊			
1957	2.姜永寧 3.莊家富	1.葉佩瓊	3.李仁蘇／丘文嶺	2.葉佩瓊／丘鍾惠	3.姜永寧／葉佩瓊
1958	3.莊家富	2.葉佩瓊	2.姜永寧／莊家富 3.王錫添／郭毅萍		2.姜永寧／葉佩瓊
1959	2.莊家富 3.姜永寧	2.葉佩瓊	1.姜永寧／莊家富	1.葉佩瓊／丘鍾惠	3.姜永寧／葉佩瓊
1960		3.葉佩瓊	3.張燮林／王傳琪 莊家富／陳協中	3.葉佩瓊／蕭潔雯	3.張燮林／林慧卿
1961	3.郭仲恭	2.林慧卿 3.陳玉華	2.張燮林／蘇國熙 3.陳協中／郭仲恭	2.鄭敏之／林希孟 3.陳玉華／周美珍	2.蘇國熙／蕭潔雯 3.張燮林／林慧卿 陳協中／陳玉華
1962	2.郭仲恭 3.王志良 蘇國熙	2.周美珍 3.林希孟	2.楊國騰／曾傳強 3.王志良／李聯益 郭仲恭／鄭仲賢	1.鄭敏之／林希孟 2.林慧卿／蕭潔雯	
1963	1.張燮林	1.林慧卿 3.蕭潔雯		1.林慧卿／鄭敏之 3.蕭潔雯／仇賢琴	2.張燮林／林慧卿

年份					
1964				2.鄭敏之／林希孟	1.張燮林／林慧卿 2.曾傳強／陳玉華
1965	3.張燮林	1.林慧卿			
1966	3.張燮林 姚振緒	1.仇寶琴 2.鄭敏之			
1972		3.葛新愛		2.林美群／鄭玉珊	
1973		1.林美群	1.梁戈亮／李卓敏	2.仇寶琴／姚愛萍	3.王俊／朱香雲
1974		2.魏力捷	1.梁戈亮／李卓敏		
1975		3.曹倩	2.梁戈亮／李振恃	2.張立／葛新愛 3.朱香雲／魏力捷	3.廖志東／孫偉芬
1977	2.梁戈亮		2.梁戈亮／黃統生		2.梁戈亮／葛新愛
1978	3.梁戈亮	3.卜啟娟		3.張健茹／沙敏	
1979					
1980					
1981	1.陳新華		1.陳新華／許增才	3.陳淑萍／卜啟娟 田靜／朱燕	
1982		2.童玲		2.童玲／于小萍	2.弓明／童玲 楊敏／卜啟娟
1983					
1984					
1985	3.陳新華				

年份			
1986	3.管建華		
1987			
1988			1.趙衛國／李雋
1989		3.李雋／丁亞萍	
1990	2.丁亞萍	3.李雋／丁亞萍	
1991	3.丁松		
1992	3.丁松		
1993		2.鄭源／高軍	
1994			3.丁松／張凌
1995	1.丁松		
1996	1.王輝		
1997	2.王輝		
1998		3.王輝／成紅霞	
1999	3.成紅霞		
2000	1.侯英超		

註：表中人名字體圓體者為進攻型選手；人名前的數字為獲得的名次。

乒乓球削球

後　記

　　乒乓球運動被譽為我國的「國球」，無論是運動技術水準還是理論研究水準均處在世界領先地位。然而以專著形式來系統介紹和論述削球打法的歷史沿革、基本原理、技術戰術、教學訓練、代表人物等多方面內容，卻是初次嘗試，我們為此項工作感到欣慰。

　　參加本書編寫工作的有王蒲（第二章）、唐建軍（第一章、第四章）、蔡學玲（第三章、第五章部分內容）、魏利捷（第五章部分內容、第六章）、王欣（第五章部分內容）。此外，袁華參與了第三章編寫的部分工作。全書由王蒲組稿和統稿。

　　由於水準有限，加之時間倉促，謬誤之處在所難免，敬望讀者批評指正。

作者

2001 年 9 月於北京

大展出版社有限公司
品冠文化出版社

圖書目錄

地址：台北市北投區 (石牌)
致遠一路二段 12 巷 1 號
郵撥：01669551＜大展＞
19346241＜品冠＞

電話：(02) 28236031
28236033
28233123
傳真：(02) 28272069

・熱 門 新 知・品冠編號 67

1.	圖解基因與 DNA	中原英臣主編	230 元
2.	圖解人體的神奇 （精）	米山公啟主編	230 元
3.	圖解腦與心的構造 （精）	永田和哉主編	230 元
4.	圖解科學的神奇 （精）	鳥海光弘主編	230 元
5.	圖解數學的神奇 （精）	柳谷晃著	250 元
6.	圖解基因操作 （精）	海老原充主編	230 元
7.	圖解後基因組 （精）	才園哲人著	230 元
8.	圖解再生醫療的構造與未來	才園哲人著	230 元
9.	圖解保護身體的免疫構造	才園哲人著	230 元
10.	90 分鐘了解尖端技術的結構	志村幸雄著	280 元
11.	人體解剖學歌訣	張元生主編	200 元

・名 人 選 輯・品冠編號 671

1.	佛洛伊德	傅陽主編	200 元
2.	莎士比亞	傅陽主編	200 元
3.	蘇格拉底	傅陽主編	200 元
4.	盧梭	傅陽主編	200 元
5.	歌德	傅陽主編	200 元
6.	培根	傅陽主編	200 元
7.	但丁	傅陽主編	200 元
8.	西蒙波娃	傅陽主編	200 元

・圍 棋 輕 鬆 學・品冠編號 68

1.	圍棋六日通	李曉佳編著	160 元
2.	布局的對策	吳玉林等編著	250 元
3.	定石的運用	吳玉林等編著	280 元
4.	死活的要點	吳玉林等編著	250 元
5.	中盤的妙手	吳玉林等編著	300 元
6.	收官的技巧	吳玉林等編著	250 元
7.	中國名手名局賞析	沙舟編著	300 元
8.	日韓名手名局賞析	沙舟編著	330 元

·象棋輕鬆學· 品冠編號 69

1.	象棋開局精要	方長勤審校	280 元
2.	象棋中局薈萃	言穆江著	280 元
3.	象棋殘局精粹	黃大昌著	280 元
4	象棋精巧短局	石鏞、石煉編著	280 元

·生活廣場· 品冠編號 61

1.	366 天誕生星	李芳黛譯	280 元
2.	366 天誕生花與誕生石	李芳黛譯	280 元
3.	科學命相	淺野八郎著	220 元
4.	已知的他界科學	陳蒼杰譯	220 元
5.	開拓未來的他界科學	陳蒼杰譯	220 元
6.	世紀末變態心理犯罪檔案	沈永嘉譯	240 元
7.	366 天開運年鑑	林廷宇編著	230 元
8.	色彩學與你	野村順一著	230 元
9.	科學手相	淺野八郎著	230 元
10.	你也能成為戀愛高手	柯富陽編著	220 元
12.	動物測驗—人性現形	淺野八郎著	200 元
13.	愛情、幸福完全自測	淺野八郎著	200 元
14.	輕鬆攻佔女性	趙奕世編著	230 元
15.	解讀命運密碼	郭宗德著	200 元
16.	由客家了解亞洲	高木桂藏著	220 元

·血型系列· 品冠編號 611

1.	A 血型與十二生肖	萬年青主編	180 元
2.	B 血型與十二生肖	萬年青主編	180 元
3.	O 血型與十二生肖	萬年青主編	180 元
4.	AB 血型與十二生肖	萬年青主編	180 元
5.	血型與十二星座	許淑瑛編著	230 元

·女醫師系列· 品冠編號 62

1.	子宮內膜症	國府田清子著	200 元
2.	子宮肌瘤	黑島淳子著	200 元
3.	上班女性的壓力症候群	池下育子著	200 元
4.	漏尿、尿失禁	中田真木著	200 元
5.	高齡生產	大鷹美子著	200 元
6.	子宮癌	上坊敏子著	200 元
7.	避孕	早乙女智子著	200 元
8.	不孕症	中村春根著	200 元
9.	生理痛與生理不順	堀口雅子著	200 元

10. 更年期　　　　　　　　　　　野末悅子著　200元

・傳統民俗療法・品冠編號 63

1. 神奇刀療法　　　　　　　　　潘文雄著　200元
2. 神奇拍打療法　　　　　　　　安在峰著　200元
3. 神奇拔罐療法　　　　　　　　安在峰著　200元
4. 神奇艾灸療法　　　　　　　　安在峰著　200元
5. 神奇貼敷療法　　　　　　　　安在峰著　200元
6. 神奇薰洗療法　　　　　　　　安在峰著　200元
7. 神奇耳穴療法　　　　　　　　安在峰著　200元
8. 神奇指針療法　　　　　　　　安在峰著　200元
9. 神奇藥酒療法　　　　　　　　安在峰著　200元
10. 神奇藥茶療法　　　　　　　　安在峰著　200元
11. 神奇推拿療法　　　　　　　　張貴荷著　200元
12. 神奇止痛療法　　　　　　　　漆　浩　著　200元
13. 神奇天然藥食物療法　　　　　李琳編著　200元
14. 神奇新穴療法　　　　　　　　吳德華編著　200元
15. 神奇小針刀療法　　　　　　　韋丹主編　200元
16. 神奇刮痧療法　　　　　　　　童佼寅主編　200元
17. 神奇氣功療法　　　　　　　　陳坤編著　200元

・常見病藥膳調養叢書・品冠編號 631

1. 脂肪肝四季飲食　　　　　　　蕭守貴著　200元
2. 高血壓四季飲食　　　　　　　秦玖剛著　200元
3. 慢性腎炎四季飲食　　　　　　魏從強著　200元
4. 高脂血症四季飲食　　　　　　　薛輝著　200元
5. 慢性胃炎四季飲食　　　　　　馬秉祥著　200元
6. 糖尿病四季飲食　　　　　　　王耀獻著　200元
7. 癌症四季飲食　　　　　　　　　李忠著　200元
8. 痛風四季飲食　　　　　　　　魯焰主編　200元
9. 肝炎四季飲食　　　　　　　　王虹等著　200元
10. 肥胖症四季飲食　　　　　　　李偉等著　200元
11. 膽囊炎、膽石症四季飲食　　　謝春娥著　200元

・彩色圖解保健・品冠編號 64

1. 瘦身　　　　　　　　　　　　主婦之友社　300元
2. 腰痛　　　　　　　　　　　　主婦之友社　300元
3. 肩膀痠痛　　　　　　　　　　主婦之友社　300元
4. 腰、膝、腳的疼痛　　　　　　主婦之友社　300元
5. 壓力、精神疲勞　　　　　　　主婦之友社　300元
6. 眼睛疲勞、視力減退　　　　　主婦之友社　300元

3

·休閒保健叢書· 品冠編號 641

1. 瘦身保健按摩術　　　　　聞慶漢主編　200 元
2. 顏面美容保健按摩術　　　聞慶漢主編　200 元
3. 足部保健按摩術　　　　　聞慶漢主編　200 元
4. 養生保健按摩術　　　　　聞慶漢主編　280 元
5. 頭部穴道保健術　　　　　柯富陽主編　180 元
6. 健身醫療運動處方　　　　鄭寶田主編　230 元
7. 實用美容美體點穴術＋VCD　李芬莉主編　350 元

·心 想 事 成· 品冠編號 65

1. 魔法愛情點心　　　　　　結城莫拉著　120 元
2. 可愛手工飾品　　　　　　結城莫拉著　120 元
3. 可愛打扮 & 髮型　　　　結城莫拉著　120 元
4. 撲克牌算命　　　　　　　結城莫拉著　120 元

·健康新視野· 品冠編號 651

1. 怎樣讓孩子遠離意外傷害　高溥超等主編　230 元
2. 使孩子聰明的鹼性食品　　高溥超等主編　230 元
3. 食物中的降糖藥　　　　　高溥超等主編　230 元

·少 年 偵 探· 品冠編號 66

1. 怪盜二十面相　（精）江戶川亂步著　特價 189 元
2. 少年偵探團　　（精）江戶川亂步著　特價 189 元
3. 妖怪博士　　　（精）江戶川亂步著　特價 189 元
4. 大金塊　　　　（精）江戶川亂步著　特價 230 元
5. 青銅魔人　　　（精）江戶川亂步著　特價 230 元
6. 地底魔術王　　（精）江戶川亂步著　特價 230 元
7. 透明怪人　　　（精）江戶川亂步著　特價 230 元
8. 怪人四十面相　（精）江戶川亂步著　特價 230 元
9. 宇宙怪人　　　（精）江戶川亂步著　特價 230 元
10. 恐怖的鐵塔王國　（精）江戶川亂步著　特價 230 元
11. 灰色巨人　　　（精）江戶川亂步著　特價 230 元
12. 海底魔術師　　（精）江戶川亂步著　特價 230 元
13. 黃金豹　　　　（精）江戶川亂步著　特價 230 元
14. 魔法博士　　　（精）江戶川亂步著　特價 230 元
15. 馬戲怪人　　　（精）江戶川亂步著　特價 230 元
16. 魔人銅鑼　　　（精）江戶川亂步著　特價 230 元
17. 魔法人偶　　　（精）江戶川亂步著　特價 230 元
18. 奇面城的秘密　（精）江戶川亂步著　特價 230 元
19. 夜光人　　　　（精）江戶川亂步著　特價 230 元

20. 塔上的魔術師	（精）	江戶川亂步著	特價	230 元
21. 鐵人Q	（精）	江戶川亂步著	特價	230 元
22. 假面恐怖王	（精）	江戶川亂步著	特價	230 元
23. 電人M	（精）	江戶川亂步著	特價	230 元
24. 二十面相的詛咒	（精）	江戶川亂步著	特價	230 元
25. 飛天二十面相	（精）	江戶川亂步著	特價	230 元
26. 黃金怪獸	（精）	江戶川亂步著	特價	230 元

·武 術 特 輯· 大展編號 10

1. 陳式太極拳入門	馮志強編著	180 元
2. 武式太極拳	郝少如編著	200 元
3. 中國跆拳道實戰 100 例	岳維傳著	220 元
4. 教門長拳	蕭京凌編著	150 元
5. 跆拳道	蕭京凌編譯	180 元
6. 正傳合氣道	程曉鈴譯	200 元
7. 實用雙節棍	吳志勇編著	200 元
8. 格鬥空手道	鄭旭旭編著	200 元
9. 實用跆拳道	陳國榮編著	200 元
10. 武術初學指南	李文英、解守德編著	250 元
11. 泰國拳	陳國榮著	180 元
12. 中國式摔跤	黃 斌編著	180 元
13. 太極劍入門	李德印編著	180 元
14. 太極拳運動	運動司編	250 元
15. 太極拳譜	清·王宗岳等著	280 元
16. 散手初學	冷 峰編著	200 元
17. 南拳	朱瑞琪編著	180 元
18. 吳式太極劍	王培生著	200 元
19. 太極拳健身與技擊	王培生著	250 元
20. 秘傳武當八卦掌	狄兆龍著	250 元
21. 太極拳論譚	沈 壽著	250 元
22. 陳式太極拳技擊法	馬 虹著	250 元
23. 三十四式太極拳	闞桂香著	180 元
24. 楊式秘傳 129 式太極長拳	張楚全著	280 元
25. 楊式太極拳架詳解	林炳堯著	280 元
26. 華佗五禽劍	劉時榮著	180 元
27. 太極拳基礎講座:基本功與簡化 24 式	李德印著	250 元
28. 武式太極拳精華	薛乃印著	200 元
29. 陳式太極拳拳理闡微	馬 虹著	350 元
30. 陳式太極拳體用全書	馬 虹著	400 元
31. 張三豐太極拳	陳占奎著	200 元
32. 中國太極推手	張 山主編	300 元
33. 48 式太極拳入門	門惠豐編著	220 元
34. 太極拳奇人奇功	嚴翰秀編著	250 元

6

國家圖書館出版品預行編目資料

乒乓球削球／王　蒲主編
－初版－臺北市，大展，2003【民92.01】
面；21公分－（運動遊戲；22）
ISBN 978-957-468-183-9（平裝）

1. 桌球

528.956　　　　　　　　　　　　　91021139

乒乓球　削球

主　　編／王　蒲
編寫者／王　蒲　唐建軍　蔡學玲　魏利婕　王　欣
責任編輯／劉　筠
發行人／蔡森明
出版者／大展出版社有限公司
社　　址／台北市北投區（石牌）致遠一路2段12巷1號
電　　話／(02) 28236031・28236033・28233123
傳　　真／(02) 28272069
郵政劃撥／01669551
網　　址／www.dah-jaan.com.tw
E-mail／service@dah-jaan.com.tw
登記證／局版臺業字第2171號
承印者／國順文具印刷行
裝　　訂／建鑫裝訂有限公司
排版者／弘益電腦排版有限公司
授權者／北京人民體育出版社
初版1刷／2003年（民92年）1月
初版2刷／2010年（民99年）4月　　　　　　定　價／220元

大展好書　好書大展
品嘗好書　冠群可期

大展好書　好書大展

品嘗好書　冠群可期